성령 인도하실 때

성령 인도하실 때

발행일	2026년 4월 15일
지은이	김태완
펴낸이	손형국
펴낸곳	(주)북랩

출판등록	2004. 12. 1(제2012-000051호)
주소	서울특별시 금천구 가산디지털 1로 168, 우림라이온스밸리 B동 B111호, B113~115호
홈페이지	www.book.co.kr
전화번호	(02)2026-5777　　　　팩스　(02)3159-9637

ISBN　979-11-7598-229-1 03230 (종이책)　　979-11-7598-230-7 05230 (전자책)

작가 연락처 문의 ▸ ask.book.co.kr

전용 게시판에 문의를 남기시면 저자에게 직접 전달됩니다.

(주)북랩 성공출판의 파트너

북랩 홈페이지와 SNS에서 다양한 출판 솔루션을 만나 보세요!

홈페이지 book.co.kr　•　**블로그** blog.naver.com/essaybook　•　**출판문의** text@book.co.kr

카톡채널 북랩

지금도 살아계셔서 우리와 함께 하시는 이

성령 인도하실 때

김태완 지음

북랩

책머리에

어떤 사람에게 그리스도의 영(성령)이 없으면, 그는 인간적인 열정으로 종교 생활은 할 수 있으나 성령의 인도하심에 믿음으로 순종하는 신앙생활은 할 수 없다. 인간 열정의 종교 활동은 자기 위안과 만족을 위한 것(바리새인)이지만, 성령의 인도하심에 믿음으로 순종하는 신앙생활은 몸을 하나님께서 찾으시는 산 제사로 드리는 영적 예배이기 때문이다.

어떤 형제들은 "나는 성령 없이도 신앙생활(영적 예배)을 잘하고 있다."라고 자랑이라도 하듯 태연하게 말한다. 안타까운 일이지만 이는 마치 사마리아 우물가의 여인이 알지도 못하는 것을 예배하면서 "우리는 조상 때부터 이 산에서 예배했는데 당신들은 어디서 예배를 드립니까?"라고 예수님께 비아냥거리듯 묻는 어리석은 말이나 다름이 없다.

예수님은 삶에 지쳐 목마른 그 여인에게 "하나님은 영이시니 예배하는 자가 신령과 진리로 예배해야 한다(요 4:23~24)."라고 하시면서 "내가 주는 성령을 받아야 하나님께서 원하시는 참 예배를 드릴 수 있다(요 4:14, 23~24, 7:37~39)."라고 하셨다. 이 책을 읽는 이들이 성령의 인도하심에 믿음으로 순종해서 회개의 열매를 맺음으로 아버지께 신령과 진정의 참 예배를 드리는데 도움이 되기를 기대한다.

2026년 3월 문경에서　　　　　　　　목사

차례

서문

　오늘날 교회 공동체의 일부 형제들은 안타깝게도 성령을 선물로 받음을 바르게 이해하지 못하거나 무관심하며, 심지어 그 역사하심을 비웃기도 한다. 본서(本書)는 그들이 성령 받음을 성경적으로 이해하고 성령의 인도하심에 믿음으로 순종해서 회개에 합당한 열매 맺기를 소망한다.

　본서의 제2장, 제5장, 제10장, 제13장 중 일부분은 저자의 첫 출간 도서 『성령! 약속의 선물(2020. 07. 24.)』을 성경에 더 가깝고 쉽게 이해할 수 있도록 수정 보완했다.

　제1장은 약속의 성령과 마지막 심판과의 관계를 기술했고,

　제2~3장에서는 믿는 자와 함께 하시는 성령을 설명했다.

　그리고 제4~7장에서는 성령 받음을 이해하는데 도움이 되는 내용을 기술했고,

　제8~10장에서는 성령의 사역과 관계되는 내용을 설명했고,

　제11장~12장은 영적 전투와 무장에 관해 기술했다.

　끝으로 제13장에서는 그리스도의 영이 없으면 그리스도인이 아님을 기술했다.

제1장
성령의 약속과 심판 경고

사람이 살아가는 이 세상 모든 관계는 약속으로 이루어진다. 이는 서로가 인정하는 문서로 기록한 법이나 규칙이며 때로는 서로가 암묵적으로 인정하는 도덕이나 관습일 수도 있다. 그리고 사람과 자연과의 관계에서는 일정한 물리적 법칙과 형태 보존이나 보호일 수 있다. 이처럼 이 세상이 모든 관계에서 서로가 약속을 정하고 준수하는 것은 상호 간의 공존 관계를 원만하게 유지하기 위해서 필수적인 요건이기 때문일 것이다.

그러므로 만일 어느 한쪽에서 약속을 파기하면 개인 간의 관계는 물론 가정은 파괴되어 비참한 불행을 초래하게 되고, 사회는 불신으로 질서가 무너져 혼돈과 어두움(죄악)에 휩싸이게 되고, 국가는 권위를 잃고 기능이 마비되어 폭동과 난리로 아수라장이 될 것이며, 국제간에는 신뢰가 깨져 전쟁의 참혹한 폐허로 아비규환이 될 것이다.

또한 인간이 자연계와의 약속의 법칙을 파기한 결과는 그로 말미암은 재해와 재난이 부메랑처럼 고스란히 인간에게 되돌아와 그 피해는 상상을 초월하게 될 것이다. 인간이 살아가는 이 세상에 약속이 없다면 인류는 존립할 수가 없기 때문이다. 이처럼 하나님께서는 사람과의 모든 관계를 성경에 말씀으로 약속하시고 그 약속하신 대로 이루어 가신다.

하나님께서 약속하신 성령

하나님께서는 만민 즉 모든 남녀노소 믿는 자 누구에게나 차별 없이 그의 영(성령)을 부어 주시겠다고 약속하시면서 이 약속은 마지막 심판 날에 있을 구원과 직접적인 관련이 있음을 아래와 같이 경고하셨다(욜 2:30~32).

욜 2:28 그 후에 내가 내 영을 만민에게 부어 주리니 너희 자녀들이 장래 일을 말할 것이며 너희 늙은이는 꿈을 꾸며 너희 젊은이는 이상을 볼 것이며

29 그때에 내가 또 내 영을 남종과 여종에게 부어줄 것이며

30 내가 이적을 하늘과 땅에 베풀리니 곧 피와 불과 연기 기둥이라

31 여호와의 크고 두려운 날이 이르기 전에 해가 어두워지고 달이 핏빛

같이 변하려니와

32 누구든지 여호와의 이름을 부르는 자는 구원을 얻으리니 이는 나 여

호와의 말대로 시온산과 예루살렘에서 피할 자가 있을 것임이요 남은

자 중에 나 여호와의 부름을 받을 자가 있을 것임이니라

아버지께서 약속하신 내용

약속의 대상	방법	약속의 내용
만민	부어 주심	장래 일, 꿈, 이상
부르는 자	피할 자	부름을 받을 자

하나님께서 "만민에게 성령을 부어 주겠다."라고 하신 이 약속은 그가 성경에서 사람에게 약속하신 것 중 가장 중요하고 좋은 선물 중 하나이다(눅 11:13). 이 약속은 장차 있을 예수님의 십자가 대속사건 이후로부터 심판 주로 다시 오실 때까지(그 후 말세: 성령시대) 예수님의 대신 죽음과 부활을 믿고 죄 사함을 얻은 신약의 하나님 자녀들 누구에게나 하신 것이다.

이 약속은 하나님께서 창세 전에 미리 계획하시고 작정하신 것으로 나이 성별 사회적 신분에 상관없이 하나님을 믿는 사람(만민) 누구에게나 하신 것이다. 이는 하나님의 독생자 예수 그리스도의 피의 대속으로 약속하시고(구원) 그의 부활로 보증하신 것(영생)이므로 진실로 유효하다. 하나님께서는 이처럼 사람과의 모든

관계를 말씀으로 약속하시고 그 내용을 성경에 문서로 기록하게
하시고 그대로 이루어 가신다. 이 약속에 대하여 하나님께서는 선
지자 요엘에게 다음과 같이 말씀하셨다.

첫째, "자녀들이 장래 일을 말할 것이며"

자녀들이 말하게 될 장래의 일은 사람의 앞날에 있을 길흉화복
의 예측을 말씀하심이 아니다. 이는 하나님께서 계획하시고 작정
하신 크고 비밀한 일 즉 구원과 영생의 하나님 나라에 대한 말씀
이다. 대체로 사람은 장래일 뿐 아니라 당장 앞에 무슨 일이 일어
날지 미리 아는 사람은 아무도 없다. 그러나 하나님께서 성령을
부어 주시면 그들은 사람의 일이 아닌 하나님께서 계획하신 크고
비밀한 장래의 일(구원과 영생의 일)을 알게 될 뿐 아니라 그것을 믿
고 세상에 널리 전하는 예수님의 증인이 될 것을 말씀하심이다.

하나님께서 말씀하시는 '자녀들'은 어린 자녀들처럼 연약하고 순
수한 사람 즉 겸손한 자들(하나님을 의지하는 자들)을 지칭하심이다.
하나님께서는 그들을 선택하셔서 그들에게 성령을 부어 주시고
그들과 함께 그의 나라를 이루어 가실 것을 약속하심이다. 하나
님께서 그들에게 성령을 부어 주시면 그들은 하나님이 기뻐하시
는 뜻(구원과 영생의 나라)을 마음에 소원으로 품고 항상 감사하며
두렵고 떨림으로 복종하여 정직하고 겸손하게 주님을 섬길 것을

아시기 때문이다(빌 2:12~13). 그러므로 당신이 하나님께 내놓을 것이 없는 부족하고 연약한 존재일지라도, 하나님께서 당신에게 성령을 부어 주시면 당신은 권능을 받고 그의 나라를 이루어 갈 수 있게 된다.

이처럼 하나님께서는 세상에서 부유하거나 강하거나 잘나서 부족함이 없는 사람(교만한 자)을 선택하시지 않고 약한 자(정직하고 겸손한 자)를 선택하셔서 성령을 부어 강하게(믿음의 순종) 하시고 그들과 함께 영원하고 거룩하신 그의 나라(구원과 영생의 나라)를 이루어 가신다.

둘째, "늙은이는 꿈을 꾸며"

늙은이는 날로 새로워지는 신산업과 신지식에 적응하지 못하고 몸도 쇠약해져서 할 수 있는 일도 시간도 제한되어 있다. 그들은 가정에서나 사회에서나 젊은이들에게 자리를 양보해야 하는 서글픈 세대들이다. 그래서 혹자는 "늙은이는 멸시해도 어린아이는 멸시하면 안 된다." 라는 늙은이에게는 서글픈 말을 하기도 했다. 세상이 이렇게 말하는 것은 늙은이는 어린아이에 반해 장래에 대한 꿈과 소망이 없으므로 기대할 것이 별로 없기 때문일 것이다. 그래서 꿈이 없는 인생은 힘이 없고 무능한 늙은이처럼 소망도 없으므로 불쌍해 보인다.

꿈이 없는 인생은 마치 가을 들판에 꽂혀 있는 허수아비처럼 온종일 아무 생각도 없이 정해진 곳에 멍하니 서 있기만 하고 곁에서 새 떼가 곡식을 쪼아 먹어도 물끄러미 바라보기만 한다. 바람이 불면 바람 따라 몸을 이리저리 흔들거리고 어쩌다 강한 비바람이 몰아치면 논두렁에 곤두박질친 채 엎드러져 일어나지도 못한다. 늙은이는 언제 어떻게 넘어질지 모르는 들판의 허수아비처럼, 마치 깊은 수렁과 웅덩이에 빠져 팔다리를 허우적대는 인생처럼, 수고하고 무거운 짐(죄)을 지고 좌절과 절망으로 무기력한 나날을 보내는 나약한 사람들이다.

어느 책에서인가 "꿈이 없는 백성은 망한다."라고 했다. 늙은이는 꿈이 없으므로 소망도 없다. 그래서 살았으나 죽은 존재와 같다. 그러나 그들에게도 한줄기 소망은 있다. 상한 갈대를 꺾지 않으시며 꺼져가는 심지를 끄지 않으시는(사 42:3) 하나님께서 그들에게도 성령을 부어 주시면 "늙은이가 꿈을 꿀 것이다."라고 하셨기 때문이다. 그들에게 성령이 부어지면 그들은 좌절과 절망으로 낙심하고 신음하던 자리를 털고 일어나 영생에 대한 소망을 품고 영원한 나라를 꿈꾸며 날마다 다시 오실 주님을 기다리고 전하며 회개에 합당한 열매를 맺게 될 것이기 때문이다.

이처럼 하나님께서는 수고하고(삶의 지침) 무거운 짐(죄)을 지고 좌절과 절망으로 무기력한 나날을 보내는 '늙은이'처럼 나약한 사람들에게 성령을 부어 주시고 그들을 강하게 해서 그가 지으신 세상과 그가 계획하신 영원한 나라를 그들과 함께 이루어 가신다. 하나님은 약한 자의 편이기 때문이다.

셋째, "젊은이는 이상을 볼 것이며."

하나님께서 젊은이에게 성령을 부어 주시면 "그들은 이상을 볼 것."이라고 하셨다. 젊은이(믿음의 열정이 있는 자)들이 마음에 품고 이루고자 하는 이상(믿음의 생각)은 아직 현실로 나타난 것이 아니다. 그것은 다만 믿음의 눈으로만 볼 수 있기 때문이다. 하나님께서 그들에게 성령을 부어 주시는 것은 마치 타오르는 불길에 기름을 붓는 것과도 같다.

그들이 바라보는 이상은 장차 없어질 이 세상 것들에 관한 것이 아닌 영원히 없어지지 않을 영원한 하나님 나라의 일들이다. 그것은 육신의 눈으로는 볼 수 없는 마음의 눈으로만 볼 수 있는 믿음의 것들이다. 그들은 그 나라의 것에 더 높은 가치를 두고 그것을 이루기 위해 그들의 열정을 불태울 것이다. 그들이 믿음(이상)의 눈으로 바라보는 그 이상(하나님 나라의 크고 비밀한 일)은 하나님의 계획하신 때가 되면 마침내 그들 앞에 현실로 나타나게 될 것이다.

성경(히 11:1)에서 "믿음은 바라는 것들의 실상이며 보지 못하는 것들의 증거."라고 말씀하신다. 이는 사람이 지금 육신의 눈으로 보고 있는 것이나 현실에서 얻어진 것들에 대하여 말씀하시는 것이 아니다. 그것들은 믿음이 아니기 때문이다. 그러나 마음에 있는 그 이상(믿음)은 아직 이루어지지 않은 것들이므로 지금은 육신의 눈으로는 볼 수 없으며, 손으로 만질 수도 없지만 언젠가 하나님께서 계획하신 때가 되면, 그것(이상)은 현실로 나타나서 육신의 눈으로 보게 되고 또 손으로 만져지게 될 것이다.

하나님께서는 자기의 기쁘신 이 뜻(이상)을 젊은이들(믿음의 열정이 있는 자들)과 함께 이루시기 위해 그들 마음에 성령을 부어 주시고 그 마음에 그의 뜻을 소원으로 품게 하셨다. 그리고 그들이 본 그 이상을 이루도록 성령께서 그들을 이끌어가게 하셨다(빌 2:13). 그러므로 당신(젊은이: 믿음의 열정이 있는 자) 마음에 있는 하나님 나라의 일들에 대한 그 열정과 소원(영혼 구원)은 당신 자신이 생각해 낸 것이 아니다. 이는 하나님께서 당신에게 은혜(깨달음)로 주신 믿음(이상)의 선물로서 소명으로 주신 사명이다. 이로 말미암아 당신은 하나님께서 주신 꿈과 소망을 가슴(마음)에 품고 하나님께서 주신 그 이상(영혼 구원)을 이루기 위해 성령의 인도하심에 열정적인 믿음으로 순종하게 될 것이다. 하나님께서 믿음의 열정이 있는 젊은이에게 약속하신 이 성령은 이처럼 하나님의 일을 열정적인 믿음으로 이루어가게 하신다.

심판 대비를 위해 주신 성령

여호와 하나님께서는 그날(마지막 심판의 날)이 이르기 전에 하늘과 땅에 징조가 있을 것을 아래와 같이 말씀하셨다.

> **욜 2:30** 내가 이적을 하늘과 땅에 베풀리니 곧 피와 불과 연기 기둥이라
>
> **31** 여호와의 크고 두려운 날이 이르기 전에 해가 어두워지고 달이 핏빛 같이 변하려니와

하나님께서 "그날 즉 여호와의 크고 두려운 날(마지막 심판의 날)을 미리 알리기 위해서 그날이 이르기 전에 먼저 하늘에서는 해가 빛을 잃어 어두워지고 달은 핏빛같이 붉게 변하게 될 것이며 땅에서는 피와 불과 연기가 기둥처럼 솟구칠 것(욜 2:30~31)이다." 라고 하셨다.

그날이 이르기 직전에 함께 식사하고 잠자던 사랑하는 가족이나 직장에서 함께 일하던 동료나 함께 앉아 다정하게 이야기하고 앞날을 꿈꾸며 약속하던 연인이나 친구 중 하나님께 택함을 받은 자는 갑자기 공중으로 올려져 주님을 영접하게 될 것이다. 이로 말미암아 지상의 모든 나라에서는 순식간에 사랑하는 사람을 잃은 충격과 두려움으로 온 세상 방방곡곡 사방에서 통곡의 소리가

넘쳐날 것이다.

그뿐이 아니다. 전기, 통신, 수도, 가스, 화공약품 취급자, 원전이나 전쟁 무기 관리자, 그리고 산업 현장에서의 기계 운전자, 각종 위험물 취급자와 크고 작은 자동차 운전자들, 열차를 운행하던 기관사, 또 바다에서는 각종 배(군함, 상선, 여객선 기타)를 운항하던 항해사, 공중에서는 각종 비행기(여객기, 화물기, 전투기)를 운항하던 조종사 등 각 분야에서 선택받은 주님의 신부들이 갑자기 하던 일을 멈추고 공중으로 들려 올라가게 될 것이다. 이로 인한 대형 사건과 사고(추락, 충돌, 폭발, 화재, 전쟁, 죽음 등)로 곳곳에서 수많은 피와 불과 연기가 기둥처럼 솟구치는 현상들로 두려움과 공포에 질린 통곡의 소리가 온 세상을 뒤덮는 비참한 상황이 벌어질 것이다.

또 기후와 기상 이변 현상으로 인한 상상을 초월하는 열기와 냉기, 그리고 화산 폭발로 인한 용암 분출과 분진과 화재와 환경 오염, 또 지진으로 인한 파괴와 화재와 해일과 폭풍과 쓰나미 현상 등 각종 재난과 재해로, 인간이 지금까지 상상하거나 경험해 보지 못한 죽음의 공포로 세상의 모든 기능이 마비된 채 온통 아비규환에 빠지게 될 것이다. 그날이 이르기 전 세상은 지금까지 경험해 보지 못하고, 상상해 보지도 못한 대규모 전쟁으로 인한 폐허로 주검의 피는 시내를 이루고, 솟구치는 연기 기둥은 해를 가려 빛을 잃게 해서 세상은 온통 흑암으로 뒤덮이게 될 것이며, 섬광을 번뜩이며 밤하늘을 가르는 미사일과 로케트는 온 세상을 불바다로 만들어 달을 핏빛같이 붉게 물들일 것이다. 그러나 하나님께서는 이때를 대비해서 성령을 약속하셨다고 하셨다(욜 2:31~32).

그날(여호와의 크고 두려운 날)이 이르기 전 예수님은 그의 사랑하는 신부(구원 얻은 자)들을 데리러 공중으로 오실 것이다. 그때 무덤 속에 잠자던 그의 신부들이 주님의 호령과 천사 장의 소리와 하나님의 나팔 소리를 듣고 먼저 일어나(부활) 신랑이신 예수님을 공중에서 영접할 것이다. 그리고 시온산과 예루살렘(지상 교회)에서는 그때까지 주님을 사모하며 기다리던 신부들(알곡: 열매 맺은 성도)이 사방에서 구름 속으로 올려져 공중에서 주님을 영접하고(살전 4:16~17) 그 후 환란의 때(7년 대환란)에 끝까지 믿음을 지킨 자들은 마침내 마지막 심판에서 주님의 부름을 받게 될 것이다(욜 2:32).

위 본문에서의 여호와의 크고 두려운 날은 세상의 모든 약속의 법칙이 파기되는 그날 하나님께서 성경에 약속하신 새 법으로 다스리는 새 세상이 도래할 것을 말씀하심이다. 이 세상의 모든 법칙(약속)은 하나님께서 주님 다시 오실 그때까지만 유효하게 하셨기 때문이다.

이 세상의 모든 약속이 파괴되는 그날이 바로 주께서 심판 주로 오시는 마지막 심판의 날이며 하나님께서 성경으로 사람과 약속하신 마지막 그날인 여호와의 크고 두려운 날이다.

욜 2:32 누구든지 여호와의 이름을 부르는 자는 구원을 얻으리니 이는 나 여호와의 말대로 시온 산과 예루살렘에서 피할 자가 있을 것임이요 남은 자 중에 나 여호와의 부름을 받을 자가 있을 것임이니라(행 2:19~21).

하나님께서 성령을 약속하심은 사람들에게 그의 뜻을 알고 믿게 해서 회개에 합당한 열매를 맺으므로 그날(마지막 심판의 날)에 구원 얻게 하려 하심이다. 이는 성령을 받아야 그의 인도하심에 믿음으로 순종해, 회개에 합당한 열매(공력)를 맺음으로 그날에 있을 심판에서 구원을 얻어, 그리스도와 함께한 하나님 후사로 영생 유업을 이을 수 있기 때문이다.

하나님께서 그날을 경고하시면서 성령 부어 주실 것을 약속하시고 여호와의 크고 두려운 날이 이르기 전에 구원 얻게 하심은, 성령 부어 주심과 마지막 때 있을 심판과 불가분의 관련이 있음을 강하게 시사하심이다(마 3:7~12). 사람이 하나님의 자녀로 살아가기 위해서는 회개에 합당한 열매를 맺어야 하는데 이를 위해서는 반드시 성령의 인도하심에 믿음으로 순종해야 하기 때문이다. 그래서 예수님은 구원 얻은 하나님의 자녀 누구에게나 아버지께서 약속하신 성령을 보내 주셔서 회개에 합당한 열매를 맺어 그리스도 예수와 함께하는 하나님의 후사(영생 유업의 상속자)가 되게 하셨다(딛 3:7).

　하나님께서 성령 부어 주심을 약속하시면서 여호와의 크고 두려운 날의 심판을 경고하심은, 누구든지 아버지의 이 약속(성령)을 받지 못하면 그날에 슬피 울며 이를 갈게 될 것을 말씀하심이다(마 13:42, 50, 22:13, 24:51, 25:30). 그러므로 누구든지 교회 공동체에 속해 있다면 그는 이 약속과 어떤 관계인지를 반드시 확인해야 한다.

제2장
목마른 자의 생수와 같은 성령

어린 시절 내가 살던 시골 고향 마을에는 수백 년 된 향나무 옆에 작은 공동 우물이 하나 있었다. 마을 아낙네들은 여름철 한낮의 더위를 피해서 이른 아침과 해지는 저녁이면 머리에 얹은 똬리 위에 물동이를 이고 얼굴로 튀어 넘치는 물방울을 손등으로 툭툭 튕겨내며 집을 향해 사뿐사뿐 걸어갔다.

해지는 저녁이 되면, 우물가 옆 빨래터에 모여 빨래를 비비며 큰 소리로 웃기도 하고, 옆 사람과 속삭이기도 하며, 가끔은 깊은 한숨을 내 쉬며 빨래하는 방망이를 신나게 두들기기도 했다. 그 시절 시골 고향 마을 우물가는 이처럼 아낙네들의 고달픔과 말 못할 사연들을 서로 토해내고 위로하고 달래며, 삶의 애환과 마음의 아픈 상처를 치유하는 유일한 위로의 장소였다. 시골 고향 마을 우물가는 이처럼 삶에 지친 목마른 아낙네들에게는 영원히 솟아나는 샘물과 같은 곳이었다.

영생하도록 솟아나는 샘물처럼

예수님께서 제자들과 유대 땅을 떠나 갈릴리로 가시던 중 사마리아 수가 동네에 있는 야곱의 우물가에서 잠시 쉬고 있었다. 때는 여섯 시(우리나라 시간 정오)쯤 되었는데 제자들은 음식을 구하러 모두 마을로 내려갔다. 그때 마침 한 사마리아 여자가 물 길으러 왔다. 시골 아낙네들은 뜨거운 태양 빛이 내리쬐는 한낮(여섯 시: 정오)에는 우물가에 물 길으러 오지 않는다. 그러나 사마리아 수가 마을 야곱의 우물가에 물 길으러 온 이 여인은 이웃 아낙네들을 피해서 뜨거운 한낮에 홀로 물 길으러 왔다. 그 여인은 이처럼 이웃과도 단절된 삶을 살아야 하는 삶에 지치고 목마른 여인이었다(요 4:15~19).

요 4:13 예수께서 대답하여 이르시되 이 물을 마시는 자마다 다시 목마르려니와

14 내가 주는 물을 마시는 자는 영원히 목마르지 아니하리니 내가 주는 물은 그 속에서 영생하도록 솟아나는 샘물이 되리라

속에 계신 성령(내주하심)

형 태	구 분	작 용	방 법	결 과
속에 계심	마음(생각)	솟아나는 샘물	열매	성화

예수님은 그 여자에게 마실 물을 떠 달라고 했지만 신앙 문제로 유대인이 사마리아인과 상종하지 않던 때이므로 이런저런 핑계를 대며 물을 떠 주지 않았다. 예수님은 그 여인에게 "누구든지 이 물을 마시면 다시 목마르게 되지만 내가 주는 물을 마시면 영원히 목마르지 않을 것이다."라고 하시면서 "내가 주는 물은 그 속에서 영생하도록 솟아나는 샘물과 같기 때문이다."라고 하셨다(요 4:3~14). 그 여인은 그런 물이 있으면 내게도 주어 영원히 목마르지도 않고 물 길으러 오지도 않게 해달라며 빈정대듯 대꾸했다. 예수님은 그 여인에게 "네 남편을 데려오면 그 물을 주겠다."라고 하셨으나 그 여인은 "남편이 없다."라고 했다. 그 여인은 지금 여섯 번째 남자(계대결혼)와 살고 있었지만 그 남자도 남편이 아니라고 했다.

사마리아 여인은 예수님께 "우리 조상들은 이 산에서 예배하고 당신들은 예루살렘에서 예배한다는데 어느 것이 옳으냐."라고 반문했다. 예수님은 그 여인에게 "너희는 알지 못하는 것을 예배한다." 라고 말씀하시면서 "이 산에서도 말고 예루살렘에서도 말고 너희가 아버지께 진정으로 예배할 때가 올 것이다."라고 하시면서 "그때는 바로 지금(성령 받은 후)인데 하나님께서는 영과 진리로 참되게 경배하는 자들을 찾으신다."라고 하셨다.

예수님의 이 말씀은 '어디서 예배하느냐?'가 중요한 것이 아니라 '어떻게 예배하느냐'가 중요한 것임을 말씀하심이다. 이는 사람이 성령으로 거듭나지 않으면 그의 인도하심을 받을 수 없으므로 하나님께서 원하시는 영과 진리(성령)의 참된 예배를 드릴 수 없다는 의미다. 예수님은 삶에 지쳐 목마른 사마리아 여자에게 내가 주는 성령을 받아야 하나님께 영과 진리로 참되게 경배할 수 있음을 말씀하신 것이다(요 4:13~24). 예배는 의식이기 이전에 삶(신앙생활)이기 때문이다.

하나님 말씀으로 인도하시는 성령께 믿음으로 순종해서 회개에 합당한 열매를 맺는 삶이 곧 영과 진리로 참 예배를 드리는 산 제사이다. 하나님은 육이 아니고 영이시기 때문에 영으로 예배하는 산 제사(회개에 합당한 삶)를 받으신다. 그러므로 예수님이 주시는 성령을 받아야 하나님이 기뻐하시는 참 예배(산 제사)를 드릴 수 있다. 성령의 인도하심이 없으면 몸을 산 제사로 드릴 수 없기 때문이다.

삶에 지쳐 목마른 사마리아 여인은 주님을 만난 후 자기의 물 항아리를 우물가에 버려둔 채 즉시 마을 사람들에게로 가서 "내가 만난 예수 그리스도를 만나 보라(요 4:28~29)."라고 했다. 예수님을 만난 사마리아 여인처럼 당신 속에 계신 성령께서는 회개에 합당한 열매를 맺게 해서 몸을 하나님이 기뻐 찾으시는 신령과 진리의 참 예배인 산 제사로 예배하도록 인도해 주신다(요 14:26).

목자 잃은 양은 굶주림과 목마름의 갈증으로 푸른 초장과 물가를 찾아 홀로 방황하다가 깊은 웅덩이와 수렁에 빠져 허우적대며 죽어가거나 사나운 이리에 잡혀 안타깝게 목숨을 잃기도 한다. 이처럼 성령의 인도하심을 받지 않는 영혼은 목자 잃은 양과도 같아서 원수 마귀 공격의 표적이 된다.

목자는 언제나 양을 푸른 초장과 쉴만한 물가로 안전하게 인도해서 평안히 먹고 마시며 누워 자고 쉬게 한다. 이처럼 성령께서는 당신의 목자가 되시어 당신이 하나님 뜻을 모르고 우왕좌왕하며 방황할 때 모든 것을 가르쳐 주시고, 예수님이 하신 모든 말씀이 생각나게 하시고(요 14:26), 바른길(하나님 뜻)로 인도하신다. 이로 말미암아 좌절과 절망의 깊은 수렁과 사망의 음침한 골짜기에서 방황하던 당신은 마침내 밝은 태양 빛으로 나와 굳건한 반석 위에 서서 소망과 희망의 새로운 삶을 살아가게 된다. 이는 성령 그분이 당신의 마음을 새롭게 변화시켜서 회개에 합당한 열매(갈 5:22~23)를 맺게 하시기 때문이다.

예수님께서 사마리아 우물가의 목마른 여인에게 "내가 주는 물을 먹으면 그 속에서 영생하도록 솟아나는 샘물이 되어서 영원히 목마르지 않을 것이다."라고(요 4:14) 하신 그 물은, 굶주리고 목마른 자들(삶에 지친 자들)을 푸른 초장과 시원한 물가(영원히 목마르지 않은 생수와 같은 복음)로 인도해서, 영원히 목마르지 않고 배불리 먹고 마시게 하고 회개에 합당한 열매를 맺게 하시는 성령을 말씀하심이다.

생수의 강이 흘러나오는 것처럼

예수님은 "누구든지 목마른 사람은 다 내게로 와서 마시라."라고 하시면서 "내가 주는 물을 마시면 그 배에서 생수의 강이 흘러나오는 것과 같을 것."이라고 하셨다. 이는 예수님을 믿는 자들이 받을 성령을 가리켜 말씀하신 것이다(요 7:37~39).

> **요 7:37** 명절 끝날 곧 큰 날에 예수께서 서서 외쳐 이르시되 누구든지 목마르거든 내게로 와서 마시라
>
> **38** 나를 믿는 자는 성경에 이름과 같이 그 배에서 생수의 강이 흘러나오리라 하시니
>
> **39** 이는 그를 믿는 자들이 받을 성령을 가리켜 말씀하신 것이라(예수께서 아직 영광을 받지 않으셨으므로 성령이 아직 그들에게 계시지 아니하시더라)

생수의 강이 흘러나오는 것 같은 성령(외주하심)

형 태	구 분	작 용	방 법	결 과
거하심	사역(언행)	흘러나는 생수의 강	은사	권능

메마른 골짜기와 거친 광야에 생명수가 강같이 흐르면 골짜기에서 말라 죽어가던 물고기가 살아나 헤엄을 친다. 그리고 광야와 강 좌우 언덕에서는 시들어가던 초목이 소생하여 시절을 쫓아 잎

이 무성하고 꽃이 피어 철을 따라 과실이 열린다. 이와 같이 주님이 주시는 성령을 받으면 그에게서 생명수와 같은 성령의 권능이 강물처럼 흘러간다. 이로 말미암아 삶에 지친 이웃에게 흘러가므로 사망의 음침한 골짜기에서 방황하던 영혼이 밝은 빛 아래로 나오고, 깊은 웅덩이와 수렁에 빠져 허우적대던 목마른 인생이 반석 위에 굳게 서게 된다. 그 빛(말씀)은 바로 영혼을 구원해서 영생을 이루게 하는 예수님 증인의 권능이다.

이처럼 성령께서 당신과 함께 거(활동)하시면 생수의 강이 흘러나오는 것과 같은 예수님의 사랑(구원과 영생의 복음)을 이웃에게 흘려보낼 수 있게 된다. 그래서 예수님은 당신에게 증인의 권능을 주셔서 하나님과 이웃을 당신 몸처럼 사랑하게 (증인)하신 것이다(요 14:15~16). 그러므로 목마른 사슴이 시냇물을 찾고 어린아이가 엄마의 젖(생명 양식)을 구하듯이 삶에 지친 사람은 예수께로 가서 (믿음) 생명수(영의 양식)와 같은 성령을 값없이(은혜의 선물) 사서 마셔야(받아야) 한다. 생수의 강이 흘러나오는 것과 같은 성령이 예수님께 있기 때문이다.

예수님께서 당신에게 생수의 강이 흘러나오는 것과 같은 성령으로 세례를 주셔서 세상에 보내신 것은 당신 자신(자랑 과시 유익 등)을 위해서 목소리를 높이게 하려 하심이 아니다. 이는 가난한 자들(삶에 지친 자들)에게 구원의 복음을 전하게 하기 위함이다. 왜냐하면 상한 갈대를 꺾지 않으시며 꺼져가는 심지를 끄지 않으시는 하나님께서는 죄인을 불쌍히 여기시는 그의 긍휼하심과 자비하심이 세상에 온전히 선포되기를 기대하시기 때문이다.

하나님께서 이처럼 구원 얻은 그의 자녀에게 성령의 권능을 주시는 것은 "삶에 지쳐 방황하는 목마른 이웃에게 좋은 소식(구원과 영생의 복음)을 전하게 하려는 것(눅 4:18~19)."이라고 하셨다. 이는 가난한 자 즉 "포로 된 자(죄에 매인 자)와 눌린 자(악한 영의 속박)를 자유 하게 하시고 눈먼 자(복음을 모르는 자)에게는 다시 보게 함을 전파하게 하려는 것이다. 그리고 하나님 은혜로 구원의 때를 선포해서 모든 슬퍼하는 자들에게 화관을 주어, 기쁨의 찬송으로 근심을 대신하게 하며, 하나님 영광이 나타나게 하려는 것(사 61:1~6)."이라고 하셨다. 이는 목마름에 지친 사람들이 생수를 마시고 갈증을 해소하는 것처럼, 삶에 지쳐 소망을 잃고 포기한 사람들에게 성령을 주심으로, 좌절과 절망에서 소망을 얻게 됨을 말씀하심이다.

성령께서는 당신과 함께 사역하시면서 헐벗고 정처 없이 떠도는 가난한 자들(절망과 좌절로 방황하는 자)을 외면하지 않으시고, 편히 쉴 곳(믿음의 안식처)으로 인도하시고, 주린 자(수고하고 무거운 짐 진 자)에게는 생명 양식(구원과 영생의 말씀)을 나누어 주신다. 이는 마치 양 떼를 편히 먹고 마시며 쉴만한 물가로 인도하는 목자처럼 성령께서 당신과 함께하시면서 목마른 이웃에게 믿음의 선한 영향력(복음의 좋은 소식)을 끼치게 하고 그들을 하나님께로 인도하심을 말씀하심이다.

당신이 연약한 자(죄인)들에게 주 예수 이름으로 구원과 영생의 복음을 전하는 이 선한 영향력은 밝아오는 새벽빛(영생 소망)처럼 빛날 것이다. 그리고 당신의 몸과 마음의 상처(이기적 욕망)는 신속하게 치료되고 당신의 의로운 행실(믿음의 행위)이 항상 당신을 앞에서 이끌어 갈 것(사명 의식)이며, 당신의 뒤에서는 여호와의 영광(회개의 열매)이 뒤따라가며 보호해(구원의 인 침과 보증) 주실 것(소명 의식)이다. 이로 말미암아 하나님께서 당신을 메마른 가뭄 중에도 배불리 먹이시므로 만족하게 하시고 뼛속으로부터는 새 힘이 솟아나게 하실 것이다. 이로 말미암아 당신의 삶은 마치 극심한 가뭄에도 생수가 흘러넘치는 물 댄 동산(성령 충만) 같을 것이다(사 58:11).

선지자가 말하는 가난한 자는 경제적인 가난보다는 삶의 수고와 무거운 짐(죄)으로 고달픔에 지친 사람과 몸과 마음에 극심한 질병과 상처로 소망을 잃고 좌절과 절망으로 삶을 포기하고 방황하는 사람들을 의미한다. 그들은 악하고 무자비한 영에 사로잡혀 인간의 삶을 황폐하게 망가뜨리는 게으름과 나쁜 습관과 각종 중독(마약, 약물, 도박, 알코올 등)에 빠진 사람들이다. 그리고 죄의 노예가 되어 하나님이 주신 자유 의지를 발동하지 못하고, 포로처럼 억압당하거나 마치 옥에 갇힌 사람처럼 자유를 잃은 비참한 사람들이다.

그들은 옷이 다 벗겨진 채 거반 죽어가는 모습으로 길바닥에 쓰러져있는 강도 만난 사마리아인과 같은 사람들이며(눅 10 :30) 하나님의 도움(구원과 영생의 말씀)을 받지 않고는 더 이상 홀로 살아갈 수 없는 고아와 과부 같은 사람들이다. 이처럼 삶에 대한 꿈과 소망을 잃고 사망의 음침한 골짜기에서 방황하는 그들에게 영원한 생명인 아름다운 소식(구원)을 전하게 하시려고 하나님께서 구원 얻은 그의 자녀들에게 "성령을 주겠다."라고 약속하셨다고 선지자는 증거한다(욜 2:28~32).

목자가 양 떼를 배불리 먹이고, 마시며, 편히 쉬도록 푸른 초장과 쉴만한 물가로 인도할 수는 있어도, 강제로 먹이고 마시고 쉬게 할 수는 없는 것처럼 당신이 가난한 자들에게 복음(구원과 영생)의 좋은 소식을 전해줄 수는 있지만 그들을 믿게 할 수는 없다. 복음을 전하는 것은 하나님 아버지께서 인간에게 위임하신 사명이지만 그들을 구원해서 영생하게 하시는 일은 하나님께서 성령으로 하시는 일이기 때문이다. 그러므로 당신이 복음을 전할 때 당신의 의를 앞세워 불법(마 7:21~23)으로 하지 말고 성령의 인도하심에 믿음으로 순종해야 한다.

예수님께서 명절 끝날 "누구든지 목마르거든 다 내게로 와서 마시라."라고 하신 물은 그 먹은 자의 배에서 생수의 강이 흘러나오는 것과 같은 성령(요 7:38)으로 이는 믿지 않는 자들을 구원으로 인도하기 위한 성령의 권능(함께 거하시는 성령 고전 12:8~10)을 말씀하심이며, 삶에 지쳐 목마른 사람에게 "영원히 목마르지 않은 생수를 주겠다."라고 하신 물은 영생하도록 솟아나는 샘물과 같은 성령으로 회개에 합당한 열매를 맺도록 인도하시는 성령(속에 계신 성령, 갈 5:22~23)을 말씀하심이다. 그러므로 예수님이 주신 성령을 받아야 자신은 물론 이웃을 위해서도 유익함이 있다.

제3장
영원히 함께 계시는 성령

갓 태어난 어린아이는 젖을 먹어야 생명을 유지할 수 있다. 그러나 그가 하늘 아래 홀로 고아가 되었다면 며칠을 살 수 있을까? 하나님께서는 "여인이 젖먹이 자식을 사랑하는 것보다 구원 얻은 그의 자녀를 더 사랑하신다."라고 하시면서 "여인이 젖먹이 자식을 고아가 되게 하는 일은 있을지라도 나는 구원 얻은 나의 자녀를 영원히 버리지 않겠다(사 49:15)."라고 하셨다.

요 14:18 내가 너희를 고아와 같이 버려두지 아니하고 너희에게로 오리라

세상에 홀로 버려진 어린 고아는 돌아갈 아버지 집이 없는 것처럼 만일 당신에게 성령이 없다면 당신을 아버지 집으로 데려다 줄 인도자가 없는 것이다. 성령 그가 없이 당신 혼자서는 아무리 힘쓰고 애를 써도 아버지 집으로 갈 수 없기 때문이다. 당신을 아버

지 집으로 데려다주실 분은 오직 보혜사 성령 그분뿐이다. 그래서 하나님께서는 창세 전에 미리 계획하시고 작정하신 성령을 선지자에게 약속하신 대로(욜 2:28~32) 이천 년 전 오순절에 그를 믿는 자들에게 보내 주셔서(행 2:1~4) 영원토록 함께 있게 하셨다(요 14:16).

수고하고 무거운 짐을 지고 삶에 지쳐 목마른 사람들은 마치 부모 없는 고아처럼 외롭고 고달픈 사람들이다. 그들은 사망의 음침한 골짜기에서 길을 잃고 방황하며 무거운 짐(죄)을 내려놓고 쉴 만한 물가를 찾아 불안과 초조함으로 평안을 누리지 못한다. 성령께서는 이들의 죄와 의와 심판에 대하여 책망하시며 수고하고 무거운 짐(죄와 슬픔)을 내려놓고 평안히 먹고 마시며 쉴만한 안식처로 인도하신다. 그곳은 바로 고아가 그리워하는 어버이 품처럼 따스하고 포근한 하나님 아버지의 품(평안과 안식)이다. 그러므로 성령 그분이 함께 있는 한 그들은 결코 외롭거나 두려워하지 않는다.

그러나 대적 마귀(도적)는 마치 울부짖는 사자처럼 두루 다니며 고아처럼 홀로 버려진 자를 삼키려고 찾아다닌다(벧전 5: 8). 도적(대적 마귀)이 오는 것은 믿는 자라도 미혹시켜서 그들의 생명(영생)을 도적질하고, 죽이고(죄의 삯), 멸망(지옥)시키려는 것뿐이지만 주님은 고아나 과부처럼 삶에 지쳐 목마른 자에게 산해진미의 맛있는 밥상(床: 영생 양식)을 차려주시고 그 머리에 기름(자녀의 권세)을 바르시며 그의 잔(믿음)이 차고 넘치도록 채워주신다(성령 충만, 시 23:5). 목마른 자를 삼키려고 집요하게 쫓아다니며 온갖 궤계로 유혹하고 괴롭히던 대적 마귀는 이 광경을 보고 혼비백산하여 일곱 길로 도망가 버리고 만다(신 28:25). 이처럼 성령 그분은 당신을 주님의 밥상(床: 영생 양식: 말씀)으로 인도해 주시는 분이다.

예수님은 삶에 지쳐 목마른 사람들을 위해서 자신의 생명을 대신 주시고 구원해서 영원한 새 생명을 주셨을 뿐 아니라 그들이 더욱 풍성한 삶(주님이 주시는 기쁨)을 누리게 하시려고 성령을 주셨다(요 10:10). 이는 주께서 자기를 사랑하는 구원 얻은 하나님 자녀를 고아와 같이 홀로 버려두지 않고 영원토록 함께 있게 하기 위해서 자기를 대신한 또 다른 보혜사이신 성령을 보내 주신 것이다. 이에 대해 성경은 아래와 같이 말씀하고 있다.

예수님을 대신 한 또 다른 보혜사

또 다른 보혜사이신 성령은 예수님을 대신해서 하나님과 화목하게 하시는 중보자로, 또 삶에 고민과 갈등을 들어주시고 도와주시는 상담자로, 그리고 환난과 고난에서 건져 주시고 힘주시는 위로자로, 죄책감으로 괴로워할 때는 변론자로서 늘 함께하시면서 성령 충만한 사람으로 살아가게 하신다.

요 14:16 내가 아버지께 구하겠으니 그가 또 다른 보혜사를 너희에게 주사 영원토록 너희와 함께 있게 하리니

또 다른 보혜사

구 분	중보자	상담자	위로자	변호자
내용	중보기도	속사정 아심	힘 주심	신분 증명
성경	롬 8:26~27	히 4:12~13	시 46:1	마 10:32~33

첫째, 중보자(화목제물)로서의 보혜사

중보자의 사전적 의미는 다음과 같다. "하나님과 인간 사이에서서 그 관계를 성립시키고 화해를 가져오는 역할을 하는 사람. 예수 그리스도를 이른다(국립국어원 우리말샘)."

성령께서는 하나님과 당신 사이를 예수님 이름으로 화목하게 하시는 분이시다.

롬 8:26 이와 같이 성령도 우리의 연약함을 도우시나니 우리는 마땅히

기도할 바를 알지 못하나 오직 성령이 말할 수 없는 탄식으로 우리를

위하여 친히 간구하시느니라

27 마음을 살피시는 이가 성령의 생각을 아시나니 이는 성령이 하나님

의 뜻대로 성도를 위하여 간구하심이니라

처음 사람 아담이 선악과 사건으로 타락하게 되므로 그의 후손인 인류는 그의 죄를 유전으로 태어난 존재이므로 모태에 잉태될 때부터 이미 죄인이다(시 51:5). 그래서 성경은 "죄를 깨닫는 자(회개하는 자)가 없고 하나님을 찾는 자(예수 이름 세례받는 자)도 없다."라고 하며 "의인은 한 사람도 없다."라고 선언하셨다. 그러므로 모든 사람은 마땅히 죄를 회개하고 하나님께 돌아와야 하지만(예수 이름 세례) 미련하고 어리석은 인간은 죄에 노예가 되어 회개할 줄을 모른다(롬 3:10~11).

그러나 성령께서는 사람이 죄에 연약한 존재임을 아시고, 회개를 촉구하시며 죄와 의와 심판에 대하여 책망하시고(요 16:8 ~11) 말할 수 없는 탄식으로 친히 간구하신다. 사람의 마음을 꿰뚫어 아시는 하나님께서는 죄인을 위해 탄식하시며 간구하시는 성령의 생각을 아시고 회개하는 자를 용서해 주신다. 이는 사람이 죄인을 용서하시는 하나님 은혜의 참사랑을 깨닫고 회개하면 하나님과 사람의 모든 것을 유익하게 하시는 이가 바로 성령이심을 알게 하려는 것이다.

성경은 다윗이 죄악 중에 태어났다며 회개하는 고백을 아래와 같이 기록하고 있다.

다윗 왕이 장군 요압을 총지휘관으로 삼고 압몬 자손과 전투 중일 때 그는 왕궁에서 전장에 나가 있는 장군 우리아의 아내 밧세바와 동침했다. 얼마 후 그녀가 잉태한 사실을 알려 오자 그는 이를 감추려고 그녀의 남편 우리아를 전장에서 불러들여 집에서 며칠 쉬게 했으나 그는 전투 중인 동료들을 생각하며 집에 가지 않고 왕궁에서 대기하고 있었다. 자신의 불륜이 드러나게 된 다윗 왕은 장군 우리아를 "적의 화살 공격 앞에 세워 죽게 하라." 는 밀지를 장군 우리아 본인에게 주어 전투를 총지휘하는 장군 요압에게 다시 보냈다. 왕의 밀지를 받은 총지휘관 요압은 밧세바의 남편 장군 우리아를 적의 화살이 빗발치는 공격 앞에 세워 죽게 했다.

다윗 왕의 죄는 밧세바와 음행한 것보다 자기 죄를 덮으려고 그녀의 남편 우리아를 계획적으로 죽게 한 죄가 더 잔인하고 무서운 죄라고 할 수 있을 것이다. 하나님께서는 이를 아시고 선지자 나단을 보내서 다윗을 꾸짖었다.

다윗은 자신이 죄악 중에 태어났다며 진심으로 죄를 회개하며 자기 마음 안에 깨끗한 마음을 창조해서 정직한 영으로 새롭게 해달라고 애통하며 회개했다. 그리고 자기에게 주신 주의 성령을 거두지 마시고 주 앞에서 쫓아내지 말기를 간구했다(시 50:5~11).

그는 자기 마음에 주의 성령이 계시지 않으면 주 앞에서 쫓겨난 것이라고 두려워했다. 그는 자기 마음에 성령이 계셔야 죄를 깨닫고 회개해서 하나님 앞에 정직한 마음으로 새롭게 살 수 있음을 깨달았기 때문이다(왕상 1:1~4).

하나님의 보내심으로 다윗을 책망해서 죄를 회개하게 했던 나단 선지자처럼 성령께서는 당신의 죄와 의와 심판에 대하여 책망하시고 죄를 회개하도록 도와주시는 분이다. 이로 말미암아 성령으로 충만한 사람은 성령의 인도하심에 믿음으로 순종하는 것이 유익한 것임을 깨닫고(롬 8:24~28). 회개에 합당한 열매를 맺게 된다. 성령은 이처럼 당신(죄인)에게 죄를 깨닫게 해서 하나님과 화목(회개)하게 하는 중보자시다.

둘째, 상담자(진리로 인도하심)로서의 보혜사

하나님 말씀은 살아서 움직이는 능력이 있다. 성령께서는 그 말씀을 양날에 날이 선 예리한 검으로 사용하시어 당신의 혼과 영과 및 관절과 골수와 또 마음의 생각과 뜻을 아시고 상담해 주신다. 아래 본문은 이에 대한 성경 말씀이다.

성경(엡 6:17)에서 "성령의 검 곧 하나님 말씀을 가지라."라고 권면하심은 성령께서 당신을 하나님 말씀으로 인도하실 때 믿음으로 순종해야 함을 말씀하심이다. 이는 그가 그 선포된 하나님 말씀의 권능이 나타나도록 역사하시는 분이기 때문이다.

성령께서는 선포된 하나님 말씀(성령)으로 당신의 영(심령)과 혼, 즉 당신이 마음속에 품고 있는 생각(인식, 감정, 결단)과 그 의도(계획)를 다 드러나게 하실 뿐 아니라 육체, 즉 관절(뼈)과 골수(신경 전달, 물질계와 내분비계 등)를 찔러 쪼개기(치유)까지 하신다. 하나님의 속사정을 다 아시고 살피시는 성령께서는 피조물의 그 어떤 것도 벌거벗은 것처럼 하나님 말씀의 권능으로 다 드러나게 하시는 분이기 때문이다. 이는 하나님께서 태초에 그의 말씀으로 세상을 창조하실 때 성령께서도 함께하셨기 때문이다(창 1:2).

성령께서는 당신의 모든 것을 당신보다 더 잘 아시므로 당신의 영과 마음(혼과 영과 및 관절과 골수)과 몸을 속속들이 살피신다. 당신이 위급한 일을 당해서 당황하고 있을 때나 어떤 일로 갈등하며 고민하고 있을 때 그는 당신에게 하나님의 뜻을 알려 주시고 믿음으로 순종하도록 인도하신다.

아담이 에덴동산에서 선악과 사건으로 나무 사이에 숨어 있을 때 하나님께서 그를 부르신 것처럼, 성령 그는 당신이 죄로 인하여 마귀에게 송사를 당하고 의기소침해져서 하나님을 두려워하고 있을 때, 회개하고 하나님 앞에 담대히 나아가게 하신다. 이는 성령께서 당신을 하나님 말씀으로 인도하심이다.

성령께서는 언제나 당신이 하나님께 찬양으로 노래하게 하신다. 당신이 마음 중심에 성령을 모시고 하나님을 찬양할 때, 하나님께서는 전능하신 능력으로 당신의 믿음을 지켜주시므로 당신의 마음은 언제나 흔들리지 않게 된다. 당신과 영원히 함께하시는 성령 그분은 당신의 사역과 일상에서 고민하고 갈등하는 모든 문제를 합력하여 선을 이루도록 인도하신다. 그러므로 당신은 언제나 당신의 사역과 일상의 모든 문제를 성령께 말씀드리고 의지하며 그의 인도하심에 믿음으로 순종해야 한다. 그리할 때 그는 하나님의 더 깊고 높고 크고 넓은 것으로 당신을 채워주실 것이다.

셋째, 위로자(슬픔과 상처의 치료)로서의 보혜사

성령 그분은 당신이 큰 환난과 시련으로 어찌할 줄을 모르며 두려움으로 떨고 있을 때 피할 길을 열어주신다. 그리고 소망을 잃고 좌절과 절망으로 낙심할 때는 새 힘을 주시며 위로해 주시는 큰 도움이시다.

성령께서 당신 마음(영, 심령)에 하나님 약속의 말씀으로 훈계(가르치고 생각나게 하실 때)하실 때 믿음으로 순종해야 한다. 그 훈계(인도하심)의 말씀은 당신을 환란과 시련에서 건져 주실 힘과 소망이 되는 약속의 말씀이기 때문이다. 성령 그는 당신이 큰 환란을 당하여 사망의 음침한 골짜기에서 고통 중에 방황하고 있을 때 "환난 날에 나를 부르라 내가 너를 건지리니 네가 나를 영화롭게 하리라(시 50:15)."라고 하신 약속의 말씀으로 위로하시고 힘주시며 건져 주신다. 이로 말미암아 하나님께서 당신에게 영광을 받게 될 것이기 때문이다.

그는 어두움을 밝히는 진리의 등대가 되어 당신이 환난과 고난 중에도 죄를 짓지 않고 밝은 길(하나님)로 한 걸음씩 앞으로(믿음) 나아가도록(순종) 인도하신다. 그의 말씀은 당신 발등상의 등불이며, 당신이 걸어가는 길을 비추는 빛이기 때문이다(시 119:105). 이로 말미암아 당신(영, 양심)은 고난과 슬픔 중에도 마음은 기쁨이 충만하여 즐거워하고 몸은 평안함으로 주 안에서 참 행복을 누릴 수 있게 된다(시 16:1~8). 성령 그는 당신이 몸과 마음으로 슬픔과 아픔으로 고통을 당할 때 소망으로 기쁨을 주시는 큰 위로가 되기 때문이다.

그러므로 때로는 당신의 삶 가운데 지축이 흔들려 땅이 무너져 내리든지 화산이 솟구쳐 용암이 흘러내리는 것 같은 감당하기 어려운 고난이 닥칠 수도 있다. 그리고 또 산이 함몰되어 바다 가운데가 되든지 바다 가운데서 화산이 터져 바닷물이 솟아오르고 거센 파도가 몰려와 그것이 넘침으로 산을 덮을 만한 쓰나미 같은 큰 고난이 몰려올지라도 당신은 두려움에 빠지지 않을 수 있다. 성령께서는 언제나 하나님 아버지께서 말씀으로 약속하신 피난처에 당신을 안전하게 숨겨 주시고 반석 위에 굳건히 세워 주시며 환란이 다 지나가도록 바위 뒤에 숨겨 주시기 때문이다.

목마른 사슴을 푸른 초장과 쉴만한 물가로 인도하는 목자처럼 당신이 인생에 목마름으로 갈급해 하며 방황할 때 성령께서는 당신을 예수님께로 인도해서 생명의 말씀으로 위로하시며 평안과 안식을 누리도록 도와주신다.

시 42:1 [고라 자손의 마스길 인도자를 따라 부르는 노래] 하나님이여 사슴이 시냇물을 찾기에 갈급함 같이 내 영혼이 주를 찾기에 갈급하나이다 목마른 사슴이 시냇물을 찾듯이 당신이 주님을 사랑하는 것은 수고하고 무거운 짐을 지고 비탈길을 올라가는 삶에 지친 목마른 길목에서 주님을 사모하고 갈망하는 것이다. 이는 "어느 때에 주의 얼굴을 뵐 수 있을까?"라고 하며 온종일 성령께 의지해서 살아 계신 하나님을 사모하고 그리워하며 애타게 주의 얼굴(힘과 위로의 말씀)을 찾는 믿음의 마음이다.

그러나 세상 사람들은 하나님을 그리워하며 애타게 갈망하는 당신에게 "네가 찾는 그 하나님이 어디 있느냐?"라고 하며 오히려 비아냥거린다. 그로 말미암아 당신의 눈에서는 주야로 눈물이 흐른다. 왜냐하면 그들은 다름 아닌 전에 당신과 함께 손잡고 하나님 앞에 나가 구원과 영생의 기쁨과 감사의 찬양을 드리며 예배하던 자들이기 때문이다. 그래서 당신은 영혼을 쏟아내는 것처럼 더욱 마음이 상하고 괴로운 것이다. 이 때문에 당신은 극심한 좌절과 낙심으로 고통스럽기까지 할 것이다. 그러나 당신은 세상에 소망 없는 불의한 자들이 누리는 세상 복을 부러워하지 말아야 한다. 왜냐하면 그들은 마지막 때 멸망할 것이지만 그때 당신에게는 하나님께서 주실 큰 상급이 있기 때문이다. 그래서 당신은 좌절과 절망 중에도 소망과 기쁨을 잃지 않고 평안을 누릴 수 있다.

당신이 고난 중에도 하나님께 소망을 두면 성령께서는 당신을 푸른 초장과 쉴만한 물가(말씀)로 인도해서 배불리 먹고(영혼의 만족) 편히 누워 쉬며(영혼의 안식) 기쁨으로 주님을 찬양하게 하실 것이다. 성령 그분은 당신이 깊은 웅덩이와 수렁에 빠져 팔다리를 허우적대고 있을 때 당신을 건져내시어 반석 위에 세워 주시는 분이기 때문이다.

당신이 물 가운데로 지날 때도 그는 당신과 함께하시며 당신이 강을 건널 때도 물이 당신을 침몰치 못하게 하실 것이다. 그리고 불 가운데로 지날 때도 타지 않게 보호해 주실 뿐 아니라 불꽃이 사르지도 못하게 하실 것이다(사 43:2). 성령 그분은 당신이 고난으로 인한 슬픔과 아픔으로 괴로워할 때 위로하시고 힘주시며 건져 주시는 분이기 때문이다.

넷째 변호자(변론자)로서의 보혜사

당신이 평소에 사람들 앞에서 예수님이 하나님 아들이심을 증거하면, 예수님께서도 심판 날에 하늘에 계신 아버지 앞에서 당신이 하나님 자녀(후사)임을 증명해 주실 것이다. 그러나 만일 당신이 사람들 앞에서 예수님을 증거하지 않으면, 예수님도 심판 날에 하나님 아버지 앞에서 "당신이 하나님 자녀라고 변호하며 증명하실 수 없다(롬 10:9~10)."라고 하셨다. 이는 예수를 증거하는 삶이 마지막 심판에서 구원을 이루는 회개에 합당한 열매임을 의미한다.

당신이 사람들 앞에서 예수님을 "주"라고 시인하게 하시는 이는 성령이시다. 제자들은 성령을 받고 담대해져서 생명의 위협을 무릅쓰고 즉시 복음을 전했다. 이로 말미암아 동족인 유대인들에게 극심한 박해와 핍박을 받으며 말로 다 할 수 없는 생명의 위협과 고통을 당했다. 유대인들은 복음 전하는 제자들을 비난하고 조롱하고 욕하며 심지어 돌을 던져 죽이기도 하고(스텐반, 야고보 등) 무고하게 잡아 채찍질하고 이방인(로마) 관원에게 넘겨 옥에 갇혀 고문으로 죽임당하기까지 했다. 제자들은 그들을 두려워하고 공포에 떨 수밖에 없었다.

그러나 예수님은 "몸은 죽여도 영혼은 죽이지 못하는 자들을 두려워하지 말고 오직 몸과 영혼을 능히 지옥에 멸하실 수 있는 하나님을 두려워하라."라고 하셨다(마 10:28). 이는 제자들이 복음을 전하므로 많은 박해와 핍박을 받고 고난 당할 때 성령의 위로가 있을 것임을 말씀하심이다. 예수님께서는 산상수훈에서 "복음을 위해 박해받는 사람은 하늘나라가 그들의 것이므로 복이 있다."라고 하시고 "나(복음 전파) 때문에 사람들이 욕하고 박해하고 거짓으로 속여 중상모략으로 오해 받게 할 때는 너희에게 복이 있다.'라고 하시며 하늘에서 상급이 크다.'라고 하셨다. 전에 있던 선지자들도 다 이같이 박해를 받았기 때문이다.

하나님께서는 당신의 머리털까지도 세실 정도로 당신을 잘 알고 계신다. 그분은 당신을 위하여 "주무시지도 않고 눈동자를 부릅뜨고 당신의 삶을 지켜보고 계시기 때문이다(시 17:8)." 하나님께서는 당신에게 성령을 풍성하게 부어 주시고(딛 3:7) 예수님을 위한 증인의 권능(행 1:8)을 주셨으며 또 복음에 담대한 믿음을 주셨다. 그러나 당신이 복음 전하는 것을 부끄러워하거나 핍박이나 고난을 두려워한다면 당신은 하나님을 위해서 아무것도 할 수 없다. 어떤 경우 당신은 복음을 증거하는 일로 인하여 어떤 종교단체 모임이나 위정자나 권세 있는 자들 앞에서 복음 전파로 인한 변명을 해야 할 경우가 있을 수 있다. 이때를 대비해서 성경은 아래와 같이 말씀하셨다.

눅 12:10 누구든지 말로 인자를 거역하면 사하심을 받으려니와 성령을 모독하는 자는 사하심을 받지 못 하리라

11 사람이 너희를 회당이나 위정자나 권세 있는 자 앞에 끌고 가거든 어떻게 무엇으로 대답하며 무엇으로 말할까 염려하지 말라

12 마땅히 할 말을 성령이 곧 그 때에 너희에게 가르치시리라 하시니라

혹시 당신이 전한 복음에 대하여 변명하게 될 때 당신은 무슨 말을 어떻게 해야 할지 몰라 근심하고 걱정하며 불안해할 수도 있다. 그러나 당신은 두려워할 필요가 없다. 성령께서 필요한 때에 필요한 말을 당신에게 가르쳐 주시고 생각나게 해서 하나님께 영광되게 할 것이기 때문이다. 그러므로 복음으로 인한 어떤 돌발 상황이 닥쳐도 그것을 모면하려고 구차하게 변명하지 말고 성령께 의탁해야 한다. 그리할 때 당신은 오히려 그리스도를 더 확실하게 전할 수 있는 영광스러운 기회를 얻게 될 것이기 때문이다.

예수님 당시 종교 지도자(대제사장과 장로)들과 이스라엘의 극렬 유대 군중들은 예수님이 자칭 '하나님의 아들'이라고 했다 해서 하나님을 모독했다며 십자가 형벌로 죽여야 한다고 미친 듯이 소리치며 고발했다. 그들은 사람의 아들인 예수님을 죽인 것이 아니라 자기들이 섬기는 하나님의 아들이시며 '주님'으로 섬겨야 할 예수 그리스도를 죽인 것이다. 이에 대해 오순절에 성령 받은 베드로는 그날 예루살렘 성전 앞 광장에 모인 이스라엘 유대 군중에게 "너희가 반드시 깨달아야 할 것이 있는데 그것은 너희가 십자가에 못 박은 이 예수를 하나님께서 너희의 주와 그리스도 되게 하셨다(행 2:36)."라고 소리 높여 외쳤다. 그리고 "너희가 회개하여 각자 예수 그리스도 이름으로 세례를 받고 죄 사함을 얻으라 그리하면 (너희도 우리처럼) 성령을 선물로 받는다(행 2:38)."라고 했다.

예수님은 인간의 죄를 대신해서 십자가에서 피 흘려 죽었으므로 그를 거부하고 방해하던 말(행위가 아님)의 죄는 회개하면(사울이던 바울처럼) 하나님께서 용서하시고 "의롭다." 하시므로 구원을 얻는다. 그러나 성령을 대적하는 행위는 회개할 기회(용서받을 방법)가 없으므로 영원한 멸망에 이르게 된다. 예수님은 우리처럼 육신을 입고 인간으로 오셨지만 성령께서는 육이 아니시고 영이시기 때문이다.

사역자가 복음을 증거할 때 수혜자나 타인이 성령의 역사하심(은사의 나타남)을 억제하거나 방해하고 조롱하고 비난하고 모독하여 근심시키면, 성령께서는 그 사역(역사하심)을 멈추시고 성령을 훼방한 그에게서 떠나신다(살전 5:19). 성경(눅 12:10)은 "누구든지 말로 사람의 아들(인성)이신 예수님을 대적하면 용서받을 수 있으나(회개) 성령님(사역)을 대적하면(훼방) 용서받지 못한다."라고 하셨다.

이처럼 예수님을 거부하고 훼방하던 말(행위가 아닌 불신앙)은 회개해서 죄 사함을 얻고 구원을 얻을 수 있지만 성령은 회개의 대상이 아니고 회개의 열매를 맺기 위해 믿음으로 순종해야 할 대상이므로 그를 훼방하면 용서받을 방법이 없다. 성령께서는 죄를 책망하시며 회개를 촉구하시지만 예수님처럼 죄를 대속하시지는 않으셨기 때문이다. 그러므로 당신이 그분을 무시하지 않는 한 주님 다시 오시는 그날 하나님 앞에서 당신을 변호해 주실 것이다. 이는 그가 당신을 아버지께로 인도하시는 분이기 때문이다.

제4장
성령 (선물)받음의 이해

성령을 선물로 받음은 하나님 아버지께서 그 아들 예수 그리스도의 대속과 부활을 믿는 자 누구에게나 약속하신 것으로 죄에서 구원 얻은 결과의 선물이다. 이는 또한 구원 얻은 당신의 믿음을 굳게 인치시고 그 인치심을 보증하시기 위해 하나님께서 당신 마음에 성령을 주심이다(고후 1:22). 이에 대해 성경은 아래와 같이 말씀하신다.

행 2:38 베드로가 이르되 너희가 회개하여 각각 예수 그리스도의 이름으로 세례를 받고 죄 사함을 받으라 그리하면 성령의 선물을 받으리니

39 이 약속은 너희와 너희 자녀와 모든 먼데 사람 곧 주 우리 하나님이 얼마든지 부르시는 자들에게 하신 것이라하고

40 또 여러 말로 확증하며 권하여 이르되 너희가 이 패역한 세대에서 구원을 받으라 하니

구원(죄 사함)의 과정(행 2:38)			성령 받음	결과
요일 1:9, 히 11:6	롬 6:4~11	롬 4:25	행 1:4~5	요 14:17
회개 (성령 책망)	예수 세례 (신앙 결단)	죄 사함 (의롭다하심)	성령 세례	거하심
			성령 충만	속에 계심
요 16:8~11	갈 2:19~20	롬 3:25~26	행 2:4	요 14:26

성령 강림(위로부터 내려오심)

성령 강림(욜 2:28~32)은 아버지께서 선지자 요엘에게 약속하신 성령이 오순절에 예수님의 제자들에게 최초 위로부터 이 땅에 내려오심이다.

행 2:2 홀연히 하늘로부터 급하고 강한 바람 같은 소리가 있어 그들이 앉은 온 집에 가득하며

부활하신 그리스도 예수께서 아버지께로 가셔서 그의 사랑하는 제자들에게 약 이천 년 전 오순절 날 아버지의 약속하신 성령을 보내 주심으로 아버지의 약속은 이미 성취되었다. 이후 그는

다시 위로부터 강림하시지 않는다. 그러므로 이제는 하나님께 성령을 달라고(강림) 하지 말고 하나님께서 이미 보내 주신 성령을 믿음으로 받는 일만 남아있다. 다시 말해, 성경(행 2:38) 말씀대로 "죄 사함을 얻으면 성령을 받는다."라고 하신 약속의 말씀을 사람이 믿고 받는 일만 남아 있다.

성령이 임하심

오순절 날 갑자기 하늘로부터 급하고 강한 바람 같은 소리가 제자들이 모여 있는 집안 가득히 울려 퍼졌다(강림 현상). 그러자 마치 불길이 혀처럼 갈라지는 것이 보이더니 그것들이 제자들 각 사람 위(머리)에 하나씩 머물러 있었다(임하심).

> **행 2:3** 마치 불의 혀처럼 갈라지는 것들이 그들에게 보여 각 사람 위에
> 하나씩 임하여 있더니

위 본문 말씀처럼 성령은 각 사람에게 오서서 각각 역사하신다. 이로 말미암아 나타나는 현상은 귀로 들을 수 있으며(환청) 눈으로 볼 수도(환상) 있다(행 9:3~7, 다메섹 도상의 사울). 그러므로 성령

이 사람에게 임하시면 사람은 이를 마음으로 인지(느낌)하게 되고 동시에 어떤 현상을 눈으로 볼 수 있게도 된다(행 10:44~47의 백부장 고넬료). 이때 받은 감동(성령 충만)으로 성령의 열매(갈 5:22~24)를 맺게 되고 동시에 예수 증인의 권능(성령세례)인 은사를 받아 나아가 복음을 전할 때 주께서 함께 역사하셔서 그 권능(은사, 고전 12:8~10)을 표적(막 16:15~20)으로 나타내주시기도 한다.

하나님이신 성령께서 어떤 사람에게 임하심은 마치 백성이 임금을 자기 집으로 모셔 들일 때 나타나는 현상과도 같다. 임금(성령)이 어느 백성(죄 사함을 얻은 자)에게 좋은 선물(권능)을 주려고 일상과 다름없이 평온하게 그의 집에 행차했다. 그 임금을 맞이하는 백성의 집에서는 온통 야단법석을 떨며 난리를 치르는 상황이 벌어지는 현상과 같다. 백성에게 임금은 생사여탈권을 쥔 절대 권력자이며 전능자이기 때문이다. 이처럼 성령을 선물로 받는 현상(충만과 세례)은 전능자이신 성령이 사람에게 오실(임하심) 때 피조물인 사람이 그에 대해 반응(수용, 믿음)하는 현상이라고 할 수 있다.

안수와 성령 받음

제자들은 구원(요 15:3) 얻은 후 예수님이 아버지께로 가시고 열

흘째 되는 오순절(부활 50일째)에 성령을 받았으며(강림)

사마리아 교회는 구원(행 8:14) 얻은 얼마 후 예루살렘에서 파견한 사도 베드로와 요한의 성령 받기 위한 안수를 받고(행 8: 15~17) 성령을 받았다.

사울이던 바울은 구원(행 9:5, 17) 얻은 며칠(3일) 째 예수님의 제자 아나니아에게 안수 받고 성령 충만했으며(성령 받음)

에베소 교회는 바울 사도가 전한 구원의 복음을 듣고 예수 이름으로 세례를 받고 안수 받음으로 성령을 받았다(행 19:1~7).

고넬료는 죄 사함의 말씀을 듣는 중에 성령이 임하심(행 10: 43~45)으로 안수 받지 않고 구원과 동시에 성령을 받았다.

위에서 살펴본 바와 같이 오늘날도 제자들과 초대 교회 때처럼 죄 사함을 얻고도 아직 성령을 받지 못했다면 성령 받기 위한 안수를 받는 것이 성령을 선물로 받는데 도움이 될 것이라 믿는다(저자의 생각).

성령을 선물(충만과 세례)로 받음

만일 성령을 받지 못했다면 그는 죄 사함을 얻지 못했거나 (고넬료, 에베소 교회) 죄 사함은 얻었으나 성령을 선물로 받는 약속의 말씀을 모르거나(제자들, 사마리아 사람들, 사울: 바울) 그 약속의 말씀을 믿지 않기 때문이다.

성령을 받음은 "죄 사함을 얻으면(동시 또는 즉시, 얼마 후) 선물로 받는다(행 2:38)." 라고 하신 약속의 말씀을 믿음으로 받는 것으로 이는 구원의 선물이다(갈 3:2~5).

성령(선물)을 받으면 내적(마음)으로는 성령으로 충만해져서 열매(갈 5:22~23)가 맺히고, 동시에 외적으로는 성령으로 세례를 받고 예수님 증인의 권능(행 1:8)인 성령의 나타남의 은사(고전 12:8~10)를 받는다. 이로 말미암아 일상의 삶에서는 회개에 합당한 열매가 맺히도록 성령께서 인도하시고 세상에 나가서는 복음에 담대한 증인(행 1:8)이 되게 하신다. 이는 하나님을 거부하는 패역한 이 세대에서 구원 얻은 증표(욜 2:32)다. 그러므로 성령을 받으면(충만과 세례) 구원을 의심하지 않고 확신하게 된다. 하나님께서 구원 얻은 그의 믿음을 견고하게 인치시고(믿음 주심) 그 보증으로 그 마음에 성령(권능 주심)을 주셨기 때문이다(롬 8:16, 고후 1:22).

성령 받음(세례)과 방언(표적)

제자들은 성령으로 세례 받음으로 방언을 말했다(행 2:4). 그들이 말한 방언은 성경(고전 12:10)의 통역이 필요한 방언(대신 방언) 말함의 은사와는 다른 당시 타지방(디아스포라) 언어로 통역이 필요 없는 대인 방언(표적 방언)이다.

사마리아 교회는 성령 받을 때 방언 말했다는 직접적인 기록은 없으나 베드로와 요한이 성령 받기를 기도하며 안수할 때 마술사 시몬이 "성령 받는 것을 보았다."라고 기록했다. 마술사 시몬이 본 것은 무엇이었을까? 이는 방언을 말한 것으로 유추해 볼 수 있는 기록이다.

또 사울이던 바울은 아나니아에게 안수받고 성령으로 충만했을 때 방언을 말했을 것으로 유추해볼 수 있다. 바울은 자신이 "누구보다도 더 방언을 말한다."라고 주장하고 또 적극적으로 권면했기 때문이다.

백부장 고넬료의 경우는 베드로가 구원과 영생의 복음을 증거할 때 말씀을 듣는 모든 사람에게 성령이 내려오자(성령 세례) 그들은 방언을 말하며 하나님을 높였다. 베드로와 함께 온 할례받은 유대교 개종자들이 이를 보고 놀랐으며 사도 베드로는 "저들도 우리처럼(행 2:4) 성령을 받았다."라고 하며 그들에게 물로 세례를 주었다.

에베소 교회는 세례요한이 말한 예수(대속과 부활)를 믿으라는 바울이 전한 말씀을 듣고 그들이 예수 이름으로 세례를 받고 바울이 안수하자 성령이 그들에게 임하시므로(성령 세례) 방언도 하고 예언도 했는데 모두 열두 사람쯤 되었다.

제자들과 초대교회는 이처럼 성령으로 세례를 받을 때 방언(대인 방언)도 하고, 예언도 하며, 하나님을 높이기도(찬양) 했다. 이는 그들이 성령으로 세례 받은 외적인 표적(증거)이다.

예수님은 성경(막 16:16~18)에서 "믿고(죄 사함: 구원) 세례(성령 세례)받은 자들에게는 표적이 따른다."라고 하셨는데 이는 성경(행 1:4~5)에서의 성령(세례)을 받음으로 성령의 나타남의 은사(고전 12:8~10)인 권능(행 1:8)을 받고 나가 복음을 전할 때 그 권능을 표적으로 나타내주실 것을 말씀하심이다(막 16:20).

성령을 받음과 구원

믿지 않는 세상 사람들은 성령을 받아들이지 못한다. 그들은 성령의 역사하심을 보지도 못하고 알지도 못하기 때문이다. 그러나 주 예수 그리스도를 믿는(구원) 사람들은 성령 그분을 알기 때문에 성령은 그들과 함께 활동(증인의 사역)하시고 또 그들 마음속에 계시면서 그들을 하나님 말씀으로 인도해서 회개의 합당한 열매를 맺게 하신다. 이는 그가 구원 얻은 하나님 자녀이기 때문이다 (롬 8:14, 행 2:39~40).

사람이 구원 얻기 전 옛사람이었을 때는 우상에게로 끌려다니며 죄의 종노릇 했었다. 그러나 그리스도 예수를 믿고 구원 얻음으로 하나님 아들 예수 그리스도를 구원의 '주'로 섬기며 하나님을 '아바 아버지'라고 부르게 되었다. 이는 하나님의 영(성령)으로 말하는 사람은 누구든지 예수를 저주할 자라 하지 않고 또 성령으로 말미암지 않고는 누구든지 하나님을 "아버지."라고 부를 수 없기 때문이다(롬 8:15). 이는 성령께서 그 마음을 주관하시고(인도하심) 있다는 의미이기도 하다.

사람은 누구든지 예수 그리스도의 피의 대속과 부활을 믿음으로 하나님께 죄 사함을 얻어 "의롭다."라고 하심으로 성령을 선물로 받는다. 그리고 항상 두렵고 떨리는 마음(믿음)으로 성령께 복종하여 회개에 합당한 열매를 맺으므로, 그리스도 예수와 함께 하나님 나라 영생 유업을 이을 하나님의 후사(상속자 딛 3:7)로 살아가게 된다. 이는 죄 사함을 얻고 구원 얻은 하나님의 자녀가 성령의 인도하심에 믿음으로 순종해서 이미 얻은 구원을 이루어가는 것(완성: 영생)을 말씀하심이다(빌 2:12).

당신이 구원 얻은 하나님 자녀라는 사실을 어떻게 알 수 있을까? 이를 알려줄 수 있는 사람은 아무도 없다. 이는 오직 성령께서만 깨닫게 해주실 수 있기 때문이다. 성령은 당신의 영과 더불어 당신이 구원 얻은 하나님 자녀인 것을 친히 증명해 주신다(롬 8:16). 또한 그는 당신이 그리스도 예수와 함께하는 하나님 나라의 공동 상속자가 되게 하신다(롬 8:14~17).

사도 베드로는 오순절 날 예루살렘 성전 앞 광장에 모인 수많은 유대 군중들에게 "너희가 십자가에 못 박은 이 예수를 하나님이 너희의 주와 그리스도 되게 하셨다." 라고 증거했다. 그리고 "회개하여 예수 이름으로 세례 받고 죄 사함을 얻으면 너희도 우리처럼 성령을 선물로 받는다."라고 하며 이 패역한 세대(죄악이 난무하는 시대)에서 구원 얻으라고 소리높여 외쳤다(행 2:36~40). 사도 베드로가 생명의 위협을 무릅 쓰고 소리 높여 증거한 말씀처럼 당신이 성령을 선물로 받음은 구원 얻은 증표이며 예수 증인의 권능을 받음으로 복음에 담력을 얻은 것이다.

성령의 인 침과 보증

하나님께서는 예수 그리스도에 대한 당신의 믿음이 영원히 변치 않게 하시려고 당신의 믿음을 굳게 인치시고 그 보증으로 당신 마음에 성령을 주셨다(고후 1:21~22, 엡 4:30). 그러므로 당신 스스로 이 믿음을 저버리지(히 6:4~8) 않는 한 원수 마귀는 당신의 믿음을 절대로 빼앗지 못한다.

고후 1:22 그가 또한 우리에게 인치시고 보증으로 우리 마음에 성령을 주셨느니라

예수님은 다시 오실 때까지 당신을 고아와 같이 홀로 버려두지 않고 또 다른 보혜사를 보내 주셔서 자기 대신 당신과 영원히 함께 있으면서 당신을 보호하신다(롬 8:14, 요 14:16~18).

성령으로 세례받음과 성령 체험

성령으로 세례 받음과 성령 체험은 다르다. 성령으로 세례 받음은 하나님께서 죄 사함을 얻은 사람에게 예수 증인의 권능(은사: 고전 12:8~10)을 선물로 주시는 것이다. 그리고 성령 체험은 성령의 권능(은사: 고전 12:8~10)이 표적으로 나타나는 현상을 체험함이다. 교회의 많은 형제가 이를 혼동하고 있다. 이에 대해 성경에서 말씀하시는 한 가지 예를 살펴보자.

사마리아 교회는 집사 빌립에 의해 성령의 많은 능력과 기적을 체험하고 예수 이름으로 세례(물 세례: 신앙, 결단: 구원)를 받고 빌립을 열심히 따라다녔다. 그들 중 어떤 이는 더러운 귀신이 크게 소리 지르며 나가고 또 많은 중풍 병자와 앉은뱅이가 고침을 받았다. 이는 성령의 권능(은사)을 체험한 것이다.

그러나 아직 한 사람에게도 성령이 내리지는(성령 세례) 않았다. 이때 예루살렘에서 파견된 베드로와 요한이 이 사실을 알고 그들이 성령 받기를 위하여 기도하며 안수하자 그들은 즉시 성령으로 세례를 받았다. 이처럼 성령의 능력(은사)을 체험하는 것이 곧 성령으로 세례 받음은 아니다.

제5장
너희가 믿을 때 성령을 받았느냐?

내가 초신자 시절(1980년대) 교회의 기도 모임이나 부흥회 때는 예수 믿게 된 동기와 성령 받음(충만과 세례)과 성령 체험(권능)을 서로 간증하며 감동하고 놀라기도 하고 부러워하며 시간 가는 줄도 몰랐다.

어떤 이의 간증은 마치 한 위대한 전사가 혜성같이 나타나서 다 기울어져 가는 전쟁을 빛나는 승리로 장식하는 고전영화의 한 전쟁 영웅담을 듣는 듯했다. 그들은 예수 그리스도의 대속으로 인한 회개와 예수 이름 세례(신앙 결단)로 인한 죄 사함의 감사는 없었다. 그들은 자신이 믿게 된 동기를 극적인 사건으로 풍자하고 은근히 과시하며 하나님께서 유일하게 자기만 사랑해서 자기에게만 허락하신 신비하고 기적적인 사건으로 자랑하며 우월감에 취해 있었다. 그들은 오직 하나님 사랑으로 받은 은혜를 마치 자기의 의로움으로 받은 것처럼 과시했다.

지금 그때의 일들을 되돌아보면 성경 말씀에 부합하지 않은 그들의 간증은 교회 공동체의 또 다른 형제들에게 성령 받음에 대한 많은 오해를 불러일으키는 원인이 되기도 했다. 이런 어리석은 오해나 폐단을 없애기 위해서는 성령 받음(성령 세례)에 대한 성경의 사례를 바르게 인식해야 하는 중요성을 다시 한번 생각하게 한다. 이에 대해 사도 바울은 에베소 교회 형제들에게 "너희가 믿을 때 성령을 받았느냐?"(행 19:2)라고 확인했다. 그러나 그들은 "성령이 계심도 듣지 못했다." 라고 했다.

믿을 때는 언제인가?

"믿을 때"는 언제인가? 제자들과 초대교회의 성령 세례를 통해서 그때가 언제인지 살펴보자.

행 19:1 아볼로가 고린도에 있을 때에 바울이 윗지방으로 다녀 에베소에 와서 어떤 제자들을 만나

2 이르되 너희가 믿을 때에 성령을 받았느냐 이르되 아니라 우리는 성령이 계심도 듣지 못하였노라

첫째, 제자들이 성령 받은 때

부활하신 예수님은 아버지께로 가시기 전 제자들에게 "예루살렘을 떠나지 말고 사도들과 같이 모여 아버지의 약속하신 것(성령)을 기다리라."라고 분부하시고(행 1:4~5) 오백여 제자들이 보는 앞에서 아버지께로 올리어가셨다(행 1:9).

> **행 2:2** 홀연히 하늘로부터 급하고 강한 바람 같은 소리가 있어 그들이 앉은 온 집에 가득하며
> **3** 마치 불의 혀처럼 갈라지는 것들이 그들에게 보여 각 사람 위에 하나씩 임하여 있더니
> **4** 그들이 다 성령의 충만함을 받고 성령이 말하게 하심을 따라 다른 언어들로 말하기를 시작하니라

제자들의 성령 세례

성령	상태	작용	현상	결과	때
불의 혀	성령 충만	말하게	방언	담대함	구원 후

약 일백이십여 명의 제자들은 예수님 분부대로 예루살렘을 떠나지 않고 성전 부근의 한 제자 집에 모여 아버지의 약속하신 것(성령)을 기다리며 기도에 힘쓰고 있었다. 제자들은 평소 예수님이

일러 주신 말로 이미 깨끗해진 상태였으나(죄 사함, 요 15:3) 예수님이 아직 아버지께로 가시지 않았으므로 성령을 받지 못했다(요 16:7).

부활하신 주님이 아버지께로 가시고 열흘째 되는 오순절 날이 되었다. 갑자기 위로부터 급하고 강한 바람 같은 소리가 제자들이 앉아있는 집안 가득히 울려 퍼지며 마치 불의 혀같이 갈라지는 것이 보이더니(강림 현상) 그것이 제자들 각 사람 위에 하나씩 머물러 있었다. 아버지께서 약속하시고 주께서 기다리라고 하신 성령이 제자들 각 사람에게 임하신 것이다. 제자들은 성령으로 충만함을 받고 성령이 말하게 하심(성령 세례)을 따라 다른 언어(방언)들로 말하기(권능)를 시작했다. 제자들은 죄 사함(구원)을 얻은 얼마 후(예수님이 아버지께로 가셔서 성령을 보내주심으로) 성령으로 세례를 받았다.

둘째, 사마리아 교회가 성령 받은 때(행 8:14~17)

사마리아 사람들은 빌립(집사)의 전도로 성령의 많은 능력과 기적을 체험하고 그가 전하는 말을 믿고 따르며 예수 이름으로 세례(신앙 결단)를 받았다. 이 소식을 전해 들은 예루살렘의 사도들은 베드로와 요한을 파견해서 이들의 구원을 확인하게 했다. 두 사도는 그들이 예수 이름으로 세례 받고 죄 사함(구원)은 얻었으나 아직 한 사람에게도 성령이 내리지(성령의 선물) 않았음을 확인했다. 이에 두 사도가 그들에게 성령 받기를 위하여 기도하며 안수하자 그들은 즉시 성령을 받았다.

사마리아 사람들은 빌립 집사에 의해 많은 권능을 체험하고 구원 얻었지만 한 사람도 성령을 받지 못했다. 그리고 에디오피아 여왕 간다게의 내시의 경우에도 빌립이 전해준 복음을 듣고 물 세례(구원)를 받았으나 성령으로의 세례는 받지 못하고 돌아간 것으로 추측된다(행 8:26~40). 이는 당시 신약 성경이 없던 시대이므로 빌립 집사가 죄 사함을 얻으면 성령을 선물(성령 충만과 세례)로 받는 진리를 모르거나 알고 있었다면 가르치지 않았기 때문일 수 있다. 사마리아 교회는 구원 얻은 얼마 후 성령 받기 위한 두 사도의 안수를 받고 성령을 받았다.

셋째, 사울이던 바울이 성령 받은 때(행 9:17~19)

사울은 예수 믿는 사람들을 매우 핍박하던 유대교 열심 당원이었다. 그는 믿는 사람들을 색출해서 감옥에 넘기기 위해 다메섹으로 출장 중에 갑자기 비추는 강렬한 광채에 의해 땅에 엎드러졌을 때 예수님을 만났다(구원). 그는 앞을 보지 못하게 되어 동료들에게 이끌려 인근 여관에 머물며 사흘 동안 식음을 전폐하고 있었다.

그때 인근에 사는 제자 아나니아가 예수님의 지시로 사울에게
와서 "사울아 네가 오는 길에서 만난 예수께서 나를 네게 보내서
네가 다시 보게 하시고 성령으로 충만하게 하신다." 하며 안수했
다. 그러자 사울의 눈을 가렸던 비늘 같은 것이 즉시 벗겨져 보게
되었고 일어나 예수 이름으로 세례를 받고 음식을 먹음으로 배고
픔에서 회복되었다. 그는 곧바로 각 회당에 다니며 예수가 하나님
아들이심을 전파했다. 예수님께서 제자 "아나니아." 를 사울에게
보내서 안수하게 하시므로 바울은 성령으로 충만함을 받고 권능
(성령 세례)을 받았다. 바울은 예수님을 만난(구원) 며칠(사흘) 후(아
나니아의 안수) 성령으로 충만함(동시에 성령 세례)을 받았다.

넷째, 백부장 고넬료가 성령 받은 때(행 10:42~48)

고넬료는 이방인으로 로마군 이달리아 부대의 백부장이다. 베
드로가 그의 가정에 초청되어 예수님의 대속과 부활을 믿음으로
죄 사함을 얻는 구원의 복음을 증거할 때, 말씀을 듣는 모든 사람
에게 성령이 내려오심으로(성령 세례) 그들이 방언을 말하며 하나
님을 높였다. 이때 베드로와 함께 온 할례받은 유대 개종자들이
이를 보고 놀라워했으며 사도 베드로는 "저들도 우리와 같이 성령
(세례)을 받았으니 물로 세례 주는 것을 누가 감히 금하겠는가?"라
고 하고 물세례를 주었다. 고넬료는 구원의 말씀을 듣는 중에 구

원(죄 사함)과 동시(즉시)에 안수 받지 않고 성령으로 세례를 받았다.

다섯째 에베소 교회가 성령 받은 때(행 19:1~7)

에베소 교회를 담임하던 아볼로가 고린도에 출장 중에 윗지방에 있던 바울이 에베소 교회를 잠시 방문했다. 바울은 그 교회의 형제들을 만나 "너희가 믿을 때 성령을 받았느냐?" 라고 확인했다. 그러나 그들은 요한의 물 침례는 받았으나 "성령이 있다는 말은 듣지도 못했다."라고 했다. 그들은 하나님은 알고 있었지만 구원 얻지는 못한 상태였다.

바울은 그들에게 예수님의 대신 죽음과 부활을 믿음으로 죄 사함을 얻고 구원 얻는 영생의 복음과 예수님이 주시는 성령 세례를 가르쳐 주었다. 그들은 이 말씀을 듣고 믿어 주 예수의 이름으로 세례를 받았다(구원). 바울이 그들에게 성령 받기 위한 안수를 하자 그들에게 성령이 임했다. 그들은 방언도 하고 예언도 했는데 모두 열두 명쯤 되었다. 에베소 교회는 구원(죄 사함) 얻은 후 즉시 성령으로 세례를 받았다. 아래 표는 제자들과 초대 교회의 성령 받음의 비교표다.

대 상	제자들	사마리아	사울	고넬료	에베소
성 경	행 2:1~4	행 8:14~17	행 9:17~19	행 10:44~48	행 19:1~7
세례 시기	구원 후	구원 후	며칠 후	동시	즉시
성 경	요 15:3	행 8:14	행 19:2	행 10:28	행 19:5
세례 방법	강림	안수	안수	말씀 듣는 중	안수
세례 증거	방언	시몬이 본 것	성령 충만	방언 높임	방언

오늘날 어떤 교사들은 율법과 선행과 신앙 성숙과 성결해야 성령을 받을 수 있다고 강조하며 성령을 받으라고 소리 높여 외친다. 그러나 성경은 오직 "죄 사함을 얻으면(구원: 동시. 즉시 얼마 후) 성령을 선물로 받는다." 라고 말씀하고 있을 뿐이다(행 2:38, 갈 3:25). 그러므로 바울이 "너희가 믿을 때 성령을 받았느냐." 라고 한때는 사도 베드로가 행 2:38에서 "죄 사함(죄에서 구원)을 얻으면." 이라고 한때 즉 죄 사함(구원)을 얻음과 동시 또는 즉시(안수) 그리고 얼마 후(안수)를 의미한다.

죄 사함의 선물 성령

열려 있는 무덤은 부패한 시체에서 풍기는 악취로 주변을 온통 고통스럽게 하는 것처럼 사람의 마음속에 있는 부패하고 더러운 생각은 주변 사람들을 고통스럽게 한다. 독사가 혓바닥 아래 무서운 독을 숨기고 두 혓바닥을 번갈아 가며 널름거릴 때마다 치명적인 독을 품어 내는 것처럼(롬 3:13~20). 사람의 마음속에 쌓인 부패하고 더러운 생각은 입술을 열어 목구멍으로 토해낼 때마다 다른 사람에게 깊은 상처를 남긴다.

롬 3:23 모든 사람이 죄를 범하였으매 하나님의 영광에 이르지 못하더니

24 그리스도 예수 안에 있는 속량으로 말미암아 하나님의 은혜로 값없이 의롭다 하심을 얻은 자 되었느니라

25 이 예수를 하나님이 그의 피로써 믿음으로 말미암는 화목제물로 세우셨으니 이는 하나님께서 길이 참으시는 중에 전에 지은 죄를 간과하심으로 자기의 의로우심을 나타내려 하심이니

죄 사함(구원)의 선물인 성령

구분	회개	예수 이름 세례	죄 사함	성령 받음
성경	요일 1:9 히 11:6	롬 6:4~11 갈 2:19~20	롬 3, 4:24~25	행 2:38 요 14:16

사람이 마음속에 악한 생각을 품고 앞에서는 듣기 좋은 사랑의 말(?)을 하고 돌아서서는 또 다른 미움과 저주의 말을 퍼부어 댄다. 사람이 이같이 하나의 혀로 서로 다른 두 가지 말을 하는 것은 마치 한 우물에서 찬물과 더운물이 교차하여 흘러나오는 모순된 현상이다. 이는 처음 사람 아담의 죄로 인한 유전으로 죄에 연약한 존재로 태어났기 때문에 죄를 범하지 않고는 살아갈 수 없기 때문이다.

그래서 시편 기자는 "모친이 죄 중에 나를 잉태하여 내가 죄 중에 출생했다." 라며 '모태에 잉태될 때부터 이미 죄인이었다'라고 고백했다(시 51:5). 그러나 성경은 이런 죄인이 "그리스도 예수의 대속으로 말미암아 하나님 은혜로 값없이 '의롭다' 하심을 얻은 자 되었다." 라고 선언하셨다. 그러므로 만일 누구든지 "나는 죄 없다." 라고 한다면 그는 자신을 속이는 것이며 이는 또 성경의 진리를 거부하는 것이다. 그러므로 사람은 누구든지 가슴에 손을 얹고 조용히 생각하지 않을지라도 자신이 말로 다 할 수 없는 험악한 죄악으로 얼룩진 형편없는 존재라는 사실을 쉽게 인정할 수 있다.

그래서 성경은 "의인은 하나도 없다." 하신다. 왜냐하면 모든 사람은 다 죄인이면서, 하나님 말씀을 깨닫는 자(인정하는 자)가 없고, 하나님을 찾는 자(회개하는 자)도 없으며, 모두가 진리를 떠나 헛된 일만 하며(생각과 말과 행동) 죄를 용서하시는 하나님의 구원하시는 복음을 믿지 않기 때문이다(롬 3:10~12). 이는 사람이 자기의 죄를 인정하지 않는다는 의미다.

세상에서는 국가의 특별한 경축일이나 명절에 복역 중인 사형수(또는 일반 죄수)를 사면복권 해 주기도 한다. 사면은 죄(행위)를 용서하고 남은 형기를 면제해서 신체의 자유를 주는 것이다. 그리고 복권은 죄 없던 때와 같은 상태로 신분을 원래대로 복원시켜 주는 것이다. 이로 말미암아 그는 사형을 면했으므로 전에 죄 없던 시절처럼 자유롭게 살아갈 수 있게 된 것이다.

이처럼 사람이 하나님께 죄 사함을 얻고 "의롭다." 하심을 얻는 것은 마치 죽을 날만 기다리던 사형수가 사면복권을 받고 자유의 몸이 되어 남은 생애 감사와 기쁨으로 살아가는 것처럼 하나님의 크신 은혜를 입은 것이다. 이는 하나님께서 영 죽을 죄인을 용서해 주셨을 뿐 아니라(사면: 구원) "의롭다." 하시고 새 생명을 주셔서 그의 자녀(복권 영생)로 살아가게 하셨기 때문이다. 그래서 믿는 자는 고난 중에도 항상 기뻐하고 감사 할 수 있는 것이다(살전 5:16~18).

그러나 누구든지 믿기 전에는 '내가 왜 죄인이냐?' 하면서 '하늘(하나님)을 향해 한 점 부끄럼도 없다'라고 도리질 치고 제 갈 길로만 갔다. 그러나 하나님께서는 인간의 험악한 죄를 대속하시기 위해서 그 아들 예수 그리스도를 십자가의 희생제물이 되게 하시고 또한 "의롭다(영생)." 하시기 위해서 그를 죽은 자 가운데서 살아나게 하셨다(사 53:4~5, 롬 3:23~24, 롬 4:24~25). 그러므로 이를 믿고 회개해야 죄 사함을 얻는다.

사람이 죄 사함을 얻음은 율법이나 신앙 성숙이나 또 다른 어떤 공로로 되지 않는다. 이는 단지 회개하여 예수 그리스도 이름으로 세례를 받아야 하기 때문이다. 하나님께서는 이를 위해 그 아들 예수 그리스도를 속죄를 위한 희생 제물로 내주셨다. 그리고 사람의 과거 현재 미래의 모든 죄를 사면하시므로 하나님의 의를 밝히 드러내셨다(롬 3:25). 그러나 사람이 이 진리를 믿지도 않고 회개(롬 8:9)했거나 그리스도 예수를 위해 살기로 결심(예수 이름 세례: 갈 2:19~20, 롬 6:4, 고후 5:15) 하지도 않았는데, 하나님께서 어떻게 그의 죄를 용서하시고 자기 자녀 삼아 주실 수 있겠는가? 그러므로 죄 사함은 주 예수 그리스도의 대속과 그의 부활을 믿고 (예수 이름 세례) 회개해야 한다.

사람이 성령을 선물로 받지 못한 것은 죄 사함을 얻지 못했거나 죄 사함을 얻고도 성령 주심에 대한 약속의 말씀을 모르거나 믿지 않기 때문이다. 이는 마치 현관문 앞에 선물상자가 배달 된 사실을 모르거나 또는 알면서도 중요하지 않은 것이라며 나가서 그것을 들고 들어오지 않고 방치 해두는 것이나 다름없다. 그러나 성령을 받음은 현관문 앞에 배달된 선물상자를 들고 들어오는 것처럼 아버지께서 약속하시고 예수님께서 이미 보내 주신 성령을 단순히 믿음으로 받으면 된다.

오순절 날 제자들에게 위로부터 강림하신 성령은 또다시 위로부터 오시지 않는다. 아버지께서 약속하신 성령은 이천 년 전 오순절 날 이미 보내 주셨기 때문이다. 그러므로 오늘날 하나님께 성령을 달라고 힘쓰고 애쓰고 떼를 쓰며 기도하는 것은 말씀에 부합하지 않는다. 지금은 "죄 사함을 얻으면 성령을 선물로 받는다(행 2:38)."고하신 약속의 말씀을 믿음으로 받는 문제만 남아있기 때문이다(갈 3:25).

약속의 말씀을 믿음으로 받는 성령

사람이 어떤 노력이나 수고의 대가로 무엇을 주고받는 것은 삯이다. 그러나 선물은 서로 친밀한 관계에서 상대에게 꼭 필요함을 알기 때문에 조건 없이 거저 주고받는다.

> **갈 3:2** 내가 너희에게서 다만 이것을 알려 하노니 너희가 성령을 받은 것
> 이 율법의 행위로냐 혹은 듣고 믿음으로냐
> **5** 너희에게 성령을 주시고 너희 가운데서 능력을 행하시는 이의 일이
> 율법의 행위에서냐 혹은 듣고 믿음에서냐

아버지가 사랑하는 자녀에게 선물을 주는 것처럼 하나님 아버지께서 죄를 용서하시고 구원하신 그의 사랑하시는 자녀에게 성

령을 선물로 주시는 것도 이와 같다. 그러므로 맡겨놓은 물건을 찾아오는 것처럼 약속의 말씀(행 2:38)을 믿음으로 받으면 된다. 그러나 오늘날 위 본문에서와 같이 예수 그리스도의 대속과 부활을 왜곡시키며 "율법의 행위로 성령을 받는다."라고 헛된 주장을 하는 거짓 교사들을 따르는 형제들이 있다. 바울은 그들에게 "너희가 성령을 받은 것이 율법의 행위로냐 약속의 말씀을 듣고 믿음으로냐." 하며 심하게 책망하며 어리석다고 질책했다. 성령 받기 위해서는 죄 사함을 얻는 것 외에 또 다른 어떤 것(율법, 도덕, 신앙 행위)도 요구되지 않기 때문이다(행 2:38).

사람이 구원 얻음은 죄에서의 구원을 의미한다. 그러므로 죄 사함을 얻지 못했거나. 죄 사함은 얻었지만 성령을 선물로 받는 약속의 말씀을 모르거나 믿지 않으면 성령을 받을 수 없다. 이는 예수 그리스도의 대속과 부활을 믿음으로 구원 얻는 것처럼 성령을 받는 것도 성령 주심에 대한 성경 약속의 말씀(욜 2:28~32, 행 2:38)을 믿음으로 받는 것이기 때문이다.

베드로는 행 2:38에서 "죄 사함을 얻으면 누구나 성령을 선물로 받는다(오순절 날 이미 주셨으므로 '주겠다'가 아님)."라고 했다. 이는 예수 그리스도의 대속과 부활로부터 주님 다시 오실 그때까지 이를 믿지 않는 사람들을 구원해서 성령을 받게 하기 위한 하나님 약속의 말씀이다. 그러므로 예수 그리스도의 대신 죽음과 부활을 믿고 회개하여 예수 이름으로 세례받는(행 19:5) 신앙의 결단(롬 6:4,

고후 5:15, 갈 2:20)를 하고 죄 사함(구원)을 얻으면 아버지께서 약속하신 성령을 선물(세례)로 받는 것임을 알 수 있다(행 2:38~40).

제6장
성령(선물) 받은 결과(증거)

성령께서는 죄 사함을 얻은 하나님의 자녀와 함께 거하시고(활동하심: 외주하심) 또 그 속에(인도하심: 내주하심) 계신다. 성령을 선물로 받음은 사람의 신앙적 노력이나 어떤 공로의 대가(삯)로 얻어지는 것이 아니라 성경(행 2:38)의 약속의 말씀을 믿음(죄 사함)으로 거저 주시는 선물이다(갈 3:2~5). 아버지가 사랑하는 자녀에게 꼭 필요한 것을 선물로 주듯이 하나님 아버지께서 사랑하는 그의 자녀(죄 사함을 얻은 자)에게 꼭 필요한 성령을 선물로 주신다. 누구든지 성령으로 말미암지 않으면 하나님 자녀로 살아갈 수 없기 때문이다.

> **요 14:16** 내가 아버지께 구하겠으니 그가 또 다른 보혜사를 너희에게 주사 영원토록 너희와 함께 있게 하리니
>
> **17** 그는 진리의 영이라 세상은 능히 그를 받지 못하나니 이는 그를 보지도 못하고 알지도 못함이라 그러나 너희는 그를 아나니 그는 너희와 함께 거하심이요 또 너희 속에 계시겠음이라.

받은 증거	사역 방법	받은 결과	사역 도구	사역 현상
행 1:4~5	요 14:17	행 1:8	고전 12:8~11	막 16:16~18
성령 세례	거하심	증인 권능	성령의 은사	표적
성령 충만	속에 계심	인 침 보증	성령의 열매	인도하심
행 2:3	요 14:17	고후 1:21~22	갈 5:22~23	롬 8:14

성령 받은 내적 증거는 성령으로 충만함(속에 계심)이며 이로 말미암아 성령의 열매(갈 2:22~23)가 맺혀 일상과 복음 사역에서 회개에 합당한 열매가 맺힌다. 또 성령 받은 외적 증거는 성령으로 세례 받음(함께 거하심)이다. 이로 말미암아 예수 증인의 권능(은사: 고전 12:8~10)을 받고 나아가 복음을 전할 때 주께서 함께 역사하셔서 그 권능을 표적으로 나타내 주시고 그가 전한 말씀을 확실하게 증명해 주신다. 성령을 선물로 받음은 성령으로 충만함과 동시에 성령으로 세례 받음이며 이는 성령으로 거듭남이다(요 3:3~5).

성령으로 충만함(속에 계심: 내주하심)

성령을 받으면 그는 내적으로 성령으로 충만해지고 그 결과 성령의 열매가 맺히게 된다. 이는 성령의 나타남의 은사처럼 성령을 받는 순간 즉시 권능(행 1:8, 고전 12:8~10)을 받는 것이 아니라 과실 나무의 열매가 익어가듯 점차로 성숙해진다.

갈 5:22 오직 성령의 열매는 사랑과 희락과 화평과 오래 참음과 자비와 양 선과 충성과

23 온유와 절제니 이 같은 것을 금지할 법이 없느니라 온유와 절제니 이 같은 것을 대적할 법이 없느니라.

24 그리스도 예수의 사람들은 육체와 함께 그 정욕과 탐심을 십자가에 못 박았느니라

성령의 열매(갈 5:22~23)

사역 대상	사역	나타나심
공동체	화목	사랑, 희락, 화평
이타적	섬김과 봉사	오래 참음, 자비, 양선
자신	신앙 인격	충성, 온유, 절제

사랑이 없는 희락과 화평과 오래 참음과 자비와 양선과 충성과 온유와 절제가 있을 수 없는 것처럼 성령의 아홉 가지 열매는 성령 충만을 받음으로 모두 함께 점차적으로 맺힌다. 성령의 열매는 신앙 성숙을 의미하는 것으로 성령께서 행하시는 일이므로 그가

인도하실 때 믿음으로 순종해야 한다. 이로 말미암아 영으로 몸의 행실을 죽여 육신의 욕심을 이루지 않고(롬 8:13) 회개에 합당한 열매를 맺게 된다. 육신은 성령을 대적하여 욕심을 부리고 성령은 육신을 대적하여 그 욕심을 억제하기 때문이다. 이 둘은 서로 대적하므로 사람이 성령의 인도하심에 믿음으로 순종하려 할 때 육신은 성령이 원하는 것을 하지 못하게 방해한다. 그러나 성령으로 충만하면 육신의 욕망을 억제하고 그의 인도하심에 믿음으로 순종해서 율법 아래 있지 않고 성령 안에 있게 된다(롬 8:13). 그러므로 항상 성령 충만을 유지해야 육신을 억제할 수 있다.

전에 우리는 본성이 원하는 대로 육체의 욕망을 따라 마음과 몸으로 온갖 더러운 생각(죄)과 행위(죄악)를 일삼았으며, 세상의 헛된 복을 위해 우상을 섬기며 살았다. 그리고 현란한 동작으로 눈속임만 하는 마술에 현혹되어 그것을 즐기고 감탄하며 박수를 치기도 했었다. 그리고 사랑해야 할 동료나 이웃을 미워하고, 다투며, 경쟁하고, 상대의 작은 실수에도 진노하며, 심지어 폭력을 행사하며 사회의 공공질서를 파괴하고 주변을 불안하게 하기도 했다. 그리고 하나님 뜻에 어긋나는 주장을 하며 파당을 일삼고 함께 협력해야 할 관계에서 서로 시기하고 죽이고 또 술에 취해 방탕함과 그와 유사한 행위들을 아무렇지도 않게 되풀이하고 심지어 즐기기도 했다. 사도 바울은 "이런 일을 행하는 자들은 결코 하나님 나라를 상속받지 못한다(갈 5:16~21)." 라고 강하게 경고하고 있다.

그러나 그리스도 예수를 믿는 사람은 육체(신의 악한 욕망의 본성)와 함께 그 정욕과 탐심(육신에 속한 일)이 이미 십자가에 못 박힌 것이므로 그것들이 그의 마음에 영향력을 행사하지 못하게 된 것이다(갈 5:24). 이는 그가 성령의 인도하심에 믿음으로 순종해서 믿음으로 생각하고 말하며 행동하기 때문이다(회개의 열매). 그러므로 성령을 모신(순종하는 자) 사람은 자신을 자랑하거나 과시하거나 우월감(헛된 영광)으로 이웃을 무시하거나 서로 노엽게 하거나 투기하지 말며 형제의 허물과 죄를 정죄하지 말고, 부드러운 마음으로 권면하고, 자신을 돌아보며 스스로 경계해야 한다(갈 5:13~18).

그러나 만일 당신이 세상일(일상)이나 하나님의 일(사역)을 세상 욕망(과시, 자랑, 명예)을 따라 불법(마 7:21~23)으로 한다면 회개에 합당한 열매를 맺지 못하므로 하나님께 영광 돌리지 못할 뿐 아니라 아버지 나라의 보상(영생 유업)도 없다. 이런 어지러운 현상들은 처음 성령의 나타남의 은사(고전 12:8~10)를 받고, 성령의 열매(갈 5:22~23)가 아직 미약하여 신앙이 성숙하지 못한 상태에서 흔하게 발생하는 사례들이다.

당신이 성령의 인도하심에 믿음으로 순종하면 성령의 열매가 맺히고, 복음 사역과 일상생활에서는 그 열매로 회개에 합당한 열매가 맺힌다. 이는 당신 속에 계신 성령께서 당신을 하나님 진리의 말씀으로 인도하실 때 당신이 믿음으로 순종하므로 맺혀지는 열매다.

성령 충만(내주하심)은 성령께서 내 안에 오심(모셔 들임, 영접함)의 결과다. 이는 마치 컵(나)에 물(성령)이 가득 차서 흘러넘치기 직전의 상태(충만)로 각 사람에게 성령이 처음 오셔서 전 인격을 주관하시므로 성령의 열매(갈 5:22~23)가 맺히는 상태를 의미한다. 이는 성령 받은 내적 증거다. 이후 그가 성령 충만을 구할 때마다(눅 11:9~13) 처음 성령으로 충만할 때처럼 반복적으로 다시 충만해진다.

성령으로 세례 받음(거하심: 외주하심)

예수님은 성령 세례 받음에 대하여 행 1:4에서 "아버지의 약속하신 것(욜 2:28~32)." 행 1:5에서는 "성령으로 세례 받음." 이라고 하셨고, 행 1:8에서는 "증인의 권능을 받음."이라고 하셨다. 그리고 막 16:17에서는 "믿는 자에게 따르는 표적."이라 하셨으며 사도 베드로는 행 2:38에서 "죄 사함을 얻으면 선물로 받는다."이라고 했고, 사도 바울은 갈 3:3~5에서 성령 주심에 대한 약속의 말씀을 "믿음으로 받는다."라고 했다.

고전 12:8 어떤 사람에게는 성령으로 말미암아 지혜의 말씀을 어떤 사람에게는 같은 성령을 따라 지식의 말씀을,

9 다른 사람에게는 같은 성령으로 믿음을 어떤 사람에게는 한 성령으로 병 고치는 은사를,

10 어떤 사람에게는 능력 행함을 어떤 사람에게는 예언함을 어떤 사람에게는 영들 분별함을 다른 사람에게는 각종 방언 말함을 어떤 사람에게는 방언들 통역함을 주시나니

성령의 나타나심(고전 12:8~10)

은사의 구분	사역 구분	성령의 나타내심
말씀 은사	가르침	지혜, 지식, 영들 분별함
능력 은사	섬김과 봉사	믿음, 병 고침, 능력 행함
언어 은사	계시	예언, 각종 방언, 통역

성령께서 각 사람에게 권능을 주서서 예수 증인이 되게 하심은 모든 약한 사람에게 복음(구원과 영생)을 전하는 예수 그리스도의 사신(엡 6:20, 고후 5:20)으로 보내서 그의 대속과 부활을 전하게(증인) 하려는 것."이라고 하셨다. 성령으로 세례 받음은 단회적인 사건으로 성령 받은 외적 증거이며, 복음 사역과 일상생활에 성령이 함께 거하심(활동)이다.

처음 성령 충만함을 받을 때 동시에 성령으로 세례 받으며 이때 성령의 나타남의 은사(고전 12:8~11)인 예수 증인의 권능(행 1:8)을 받는다. 그리고 나아가 복음을 증거할 때 주께서 함께 역사하셔서 그 권능이 표적(막 16:15~20)으로 나타나게 하신다. 성령으로 세례 받음은 컵에 물이 가득 차서 그 컵을 들고 움직일 때마다 컵 속의 물이 흘러넘치는 현상과 같은 상태다. 이는 사람이 물속에 완전히 잠겨 침례 받을 때처럼 온전히 그의 영향력 아래 있는 상태로 그의 역사하심에 믿음으로 순종하는 것이다. 이에 대해 성경은 다음과 같이 묘사하고 있다(겔 47:1~12).

선지자 에스겔이 환상 중에 여호와께서 권능으로 성전 문지방 밑에서 물이 흘러내리게 하는 것을 보았다. 여호와의 사자가 손에 줄을 잡고 동쪽으로 가며 일천 척을 측량한 후에 에스겔에게 그 물을 건너게 하셨는데 발목에 물이 찼다. 그가 다시 일천 척을 측량한 후 무릎에 물이 찼고, 다시 일천 척을 측량하고 물을 건넜는데 허리까지 물이 차올랐다. 여호와의 사자가 다시 일천 척을 측량한 뒤 물을 건너려 했지만, 사람이 건너지 못할 헤엄칠 만한 물이 되어 강을 이루었다.

발목에 물이 찼을 때는 쉽게 건널 수 있었다. 무릎에 찼을 때는 조금 부자유스러웠고, 허리에 물이 찼을 때는 양팔을 앞뒤로 휘저어야만 했다. 그러나 헤엄칠 만한 물이 되자 사람의 힘으로는 건너지 못하게 되었다. 이때 에스겔은 자기 몸을 온전히 물에 맡겨야 했다. 성령으로 충만함은 바로 헤엄쳐야 할 물에 몸을 맡기는 것처럼 사역자가 성령의 역사하심에 개입하지 않고, 모든 것을 그에게 온전히 맡기고, 그의 역사하심을 믿음으로 바라보고, 순종하는 것으로 이는 그가 성령 안에서 그의 전 인격을 성령께 온전히 맡김이다.

사도 베드로는 이 약속(성령)에 대하여 "누구든지 죄 사함을 얻으면 성령을 선물로 받는다."라고 하면서 이는 하나님께서 택하신 자 누구에게나 약속하신 것이며 "하나님을 거역하는 이 부패한 세대에서 구원 얻는 것."이라고 했다(행 2:38~40). 그러므로 누구든지 이 약속의 선물을 받으면 그는 성령으로 충만(열매)해지는(행 2:4) 동시에 성령으로 세례(권능)를 받는다(행 1:5).

성령께서 하나님 자녀에게 나누어 주시는 성령 세례로 인한 은혜의 선물인 은사(고전 12:8~10, 증인의 권능)는 위 표와 같이 여러 가지 다양한 것들이 있다. 그러나 이 모든 것은 교회 공동체(사역자가 아님)의 유익을 위한 것(고전 12:7)으로 다 같은 한 성령께서 주시는 선물(은사 고전 12:11)이며, 또 그 나누어 주신 은사의 다양함에 따라 그 직분도 서로 다르지만 이 모두는 같은 한 주님을 섬기기 위한 것이다(고전 12:14).

성령의 나타남의 은사(고전 12:8~10)는 성령의 열매(갈 5:22~ 23)를 맺기 위한 꽃이다. 그러므로 은사(꽃)의 사역을 통해서 열매를 맺어 하나님께 영광이 되어야 한다. 그러나 복음 사역이나 일상에서 성령의 은사(꽃)가 나타날지라도 그 사역자에게 열매가 없거나 나쁜 열매를 맺는다면 이는 그가 불법으로 사역하고 있기 때문이다. 그 결과 그의 사역은 예수님 타작마당에서 공력(알곡: 열매)이 되지 못하므로 하나님 나라 곳간에 들이지 못하고 영원히 꺼지지 않는 불에 타 버린다(눅 3:17). 과일 나무에 꽃이 피어도 열매가 맺히지 않는다면 그 가지는 주인에게 무익한 것처럼 열매 없는 사역자는 하나님께 영광이 되지 못하므로 무익하다(마 7:21~23).

사람의 몸은 하나인데 그 몸에 많은 지체가 있고, 몸의 지체가 많으나 한 몸인 것처럼 성경은 교회 공동체를 그리스도의 몸으로, 그리고 그 머리는 그리스도로 비유하셨다. 그러므로 그리스도 예수를 믿는 당신은 그리스도의 몸인 동시에 그 지체의 한 부분이다(고전 12:14). 몸의 각 지체가 각기 서로 다른 고유한 기능이 있는 것처럼 하나님께서는 그리스도의 각 지체인 각 사람에게 각기 다른 성령의 나타남의 은사(예수 증인의 권능)를 주시고, 그 은사(고전 12:8~10)에 합당한 직책을 감당하게 하셨다. 그래서 교회 공동체에 몇을 세우셨는데 첫째는 사도, 둘째는 선지자, 셋째는 교사 그다음은 능력 행하는 자 그다음은 병 고치는 은사와 서로 돕는 것과 다스리는 것과 각종 방언을 말하는 자로 세우셨다(고전 12:28~30). 이처럼 교회의 모든 직임은 은사에 합당하게 맡고 열매로 감당해야 한다.

　성령 받은 결과는 성령 충만과 성령 세례 받음이다. 성령으로 충만함을 받으면 성령께서 하나님의 모든 것을 가르쳐 주시고 주께서 말한 모든 것을 생각나게 하신다. 또한 성령으로 세례 받음으로 예수님 증인의 권능인 성령의 나타남의 은사를 받고, 나가 복음을 증거할 때 주께서 함께 역사하시며, 그 은사가 권능으로 표적을 나타내서 말씀을 확실하게 증명해 주신다.

제7장

성령 받음을 방해하는 요소들

교회의 존재 이유는 회개의 열매로 하나님께 영광 돌림이며, 그 목적(가치)은 복음 증거로 인한 영혼 구원이다. 이는 성령의 역사로만 가능한 일이다. 그러므로 교회 공동체의 인적, 재정적 규모나 구성원들의 지식이나 사회적 신분과 영향력이나 그들이 소유한 물질은 하나님이 주신 축복이라고 과시하며 자랑할 일이 아니고, 교회의 존재 이유와 목적을 이루는 성경적인 보조 수단이어야 한다.

교회 공동체의 존재 이유와 그 가치

교회는 오직 그리스도 예수를 고백하는 믿음으로 세워지므로 그 가치는 그를 증거하기 위한 성령의 역사하심에 있다(마 16:15~19, 막 8:27~30, 눅 9:18~21). 그러므로 만일 교회가 성령의 존재와 그의 역사(인도)하심에 무관심하거나 무시하고 사람의 의(세상이 추구하는 자랑거리들)를 드러내고 과시하며 자랑한다면 하나님을 기쁘시게 할 수 없다(롬 8:5~9). 이는 회개하기 전 옛사람(죄인)들이 자신들의 공동 유익과 친목을 도모하기 위해 모인 친목 단체와 다름없기 때문이다. 그러므로 하나님을 바르게 섬기는 교회 공동체는 이 세상을 본받지 않는다. 교회 공동체가 성령의 역사하심을 무시하고 세상을 흉내 내는 것은 타락의 길로 가는 지름길이기 때문이다. 이는 교회 공동체나 그 구성원 개인의 신앙에도 다 같이 적용된다.

오늘날 일부 교회 공동체는 하나님 말씀이나 교회의 일(예배, 의전, 예식, 행사 등)에서 하나님을 기쁘시게 하기보다는 사람을 기쁘게 하려고 세상이 즐겨하는 방식을 흉내내고 있다. 그들은 눈에 보이지 않는 하나님을 기쁘시게 하기보다는 눈에 보이는 사람에게 관심을 집중하며 인기를 누리려고 애쓰는 세상 사람들처럼 하나님 이름을 빙자해서 회중을 즐겁게 하는 일에 더 집중한다. 이는 사람이 기뻐하면 하나님도 기뻐하실 것이라고 착각하기 때문이다. 이는 매우 안타까운 일이지만 어느덧 많은 교회 공동체가 많은 것에서 세상에 동화되어 세상 흉내를 내며 세상과 어깨동무한 채 빙빙 돌아가고 있다.

오늘날 교회 공동체에 많은 구성원이 성령 받지 못하는 이유는 무엇일까? 그것은 "죄 사함을 얻으면 성령을 선물로 받는다(행 2:38)."고 하신 약속의 말씀에는 무관심하고 회중의 감성을 자극하는 프로그램에 의한 예배에 관심을 집중하기 때문이다. 회중들은 고급스럽고 다양한 예배 분위기(예배 보조 수단들: 인테리어, 조명, 악기 등 다양한 프로그램)와 세상이 즐겨 하는 철학과 시와 문학과 지적인 언어와 그리고 어떤 특정한 사람들이 추구하는 사상과 이념과 신념과 또 재미있고 익살스러운 풍자로 자극적인 예배를 드리고는 재미있고 품격 있는 예배를 드렸다며 집으로 돌아간다. 심지어 그들은 그런 교회 공동체에 속한 것을 자랑으로 여기며 신앙의 우월감을 과시하는 즐거움과 보람으로 교회를 출입하기도 한다. 이는 마치 신분과 수입이 보장되는 세상 직업군의 우월감 같은 것이다.

이로 말미암아 그들은 "죄 사함을 얻으면 성령을 선물로 받는다."라고 하신 하나님 약속의 말씀에는 관심이 없거나 모르거나 심지어 필요를 느끼지도 않는다. 그들은 이 약속의 말씀을 지식적으로는 알고 있을 수도 있겠지만 믿지는 않는다. 그 결과 죄 사함에 대한 능력을 체험하지 못하고 여러 해 또는 수십 년 동안 교회 공동체에 속해 있으면서도 마음속으로는 구원과 영생에 대하여 긴가민가 의심하면서 습관적인 종교 활동에 열을 올리느라 지쳐가고 있을 뿐이다. 이는 교회 공동체의 회중들이 몸을 산 제사로 드리는 영적 예배에는 관심이 없고 듣기 좋고 품위 있는 말로 하나님을 어지럽게 하며 세상 복에만 관심이 있기 때문이다. 그러나 성경(고전 4:20)에서는 "하나님 나라(영생: 구원의 완성)는 말에 있지 않고 능력(열매 맺는 신앙)에 있다."라고 말씀하신다.

교회 공동체가 부패한 세상 풍조를 본받지 않으려면, 오직 마음을 새롭게 하므로 변화를 받아야 하나님의 뜻이 무엇인지 바르게 분별할 수 있으며, 하나님께 몸을 산 제사(영적 예배)로 드릴 수 있다(롬 12:1~3). 만일 교회 공동체가 성령의 역사하심에 무관심한 채 세상 풍조에 물들어가면 그 공동체는 점차 세속화되어 마침내 하나님 말씀은 권위를 잃게 되고 성령께서는 그 공동체에서 일하실 자리를 잃어가게 될 것이다. 교회가 계속 성령께서 일하실 자리를 제한한다면 그 공동체는 마침내 세상의 친목 단체나 재벌 집단으로 전락하고 말 것이다. 작은 틈새로 스며드는 미세한 바닷물이 마침내 거대한 배를 침몰시키듯이 교회 공동체가 세상 풍조에 서서히 물들어가는 순간 어느새 세상이 그 교회 공동체를 송두리째 집어삼키고 말 것이기 때문이다.

예수님께서는 믿음의 반석 위에 교회를 세우시고 죄 사하는 권세를 주셨다. 이로 말미암아 주 예수 이름으로 땅에서 매면 하늘에서도 매이고, 땅에서 풀면 하늘에서도 풀리게 하셨다(마 16:17~19). 이는 예수 이름으로 죄를 사하시는 성령의 권세를 말씀하심이다. 그러므로 교회의 존재 가치는 세상이 자랑하는 것들에 (물질과 지식과 권세와 명예, 인기) 있지 않고 오직 죄를 사하시고 구원 얻어 회개에 합당한 열매를 맺음으로 그리스도 예수를 증거하게 하시는 성령의 역사하심에 있다.

사람이 길을 가다 우연히 돈을 발견하고 취득한 것처럼 성령 받음은 약속도 없이 저절로 되지 않는다. 이는 하나님께서 성령 주시기 위해 그 아들 예수 그리스도를 십자가에 피 흘리는 희생 제물로 내주시고, 그를 다시 살리시는 하나님의 크고 영광스러운 은혜로 된 것이다. 그러므로 이를 믿고(예수 이름, 세례) 회개해야 죄 사함을 얻고 성령을 선물로 받는다(롬 3:24~ 25, 롬 4:25). 하나님께서는 사람의 이 믿음을 보시고 죄를 용서하시고 "의롭다."라고 하시며 성령을 선물로 주시기 때문이다.

교회 교육의 문제점

사람이 성령을 받지 못하는 것(보지도 못하고, 알지도 못하는 것)은 죄 사함을 얻지 못한 경우(행 23:38)로 이는 예수 이름으로 세례(롬 6:4~11) 받지 않았기 때문이다. 그리고 죄 사함은 얻고서도 성령 주심에 대한 약속의 말씀(욜 2:28~32, 행 2:38~40)을 모르거나 믿지 않는 것이다(갈 3:3~5) 이는 성령 받음에 대한 교회 교육의 부족으로 무관심하거나 성경 말씀에 부합하지 않는 잘못된 교육으로 방해받고 있기 때문이다.

오늘날 성령으로 세례 받음(선물로 받음)에 대하여 교사들마다 제각기 서로 다르게 주장한다. 이로 말미암아 성경에 부합하지 않은 여러 가지 다양한 견해들이 정리되지 않은 채 성령을 받으려는 많은 구성원에게 혼란을 야기하고 있다. 그 중 심각한 문제가 되는 몇 가지 사례를 살펴보고자 한다.

첫째, 비성경적인 가르침

교회의 어떤 지도자들은 초대 교회 이후 성령의 모든 역사를 공공연하게 비하하고 비난하며, 악령의 역사라고 부정하고 무시하며 현저하게 비난한다. 심지어 일부 어떤 교회 지도자는 오늘날 성령의 역사하심을 타락한 영들의 발작이라고 조롱하며 훼방하기도 한다. 그들의 이런 망언적인 주장으로 교회의 많은 구성원이 성령 받음에 대한 부정적인 인식과 거부감으로 성령을 받지 못하고 있는 것은 너무 안타깝고 부인할 수 없는 사실이다. 이로 말미암아 교회의 많은 구성원이 무기력한 상태에 빠져 신앙에 대한 고민과 갈등으로 혼란해 하고 있다. 그들은 성령의 역사하심을 인정하지 않을 뿐 아니라 말씀이 중요하다며 "말씀 운동."만 한다고 주장한다.

그러나 하나님 말씀이 살아 있고 권능 있음을 나타내시는 이가 성령이시고, 하나님 말씀이 마치 양날에 날이 선 어떤 검보다도 더 예리한 검과 같아서 그것으로 사람의 혼과 영과 및 관절과 골수를 찔러 쪼개기까지 하시는 분이 성령이시다. 그리고 하나님 말씀으로 사람 마음의 생각과 의도를 분별하시는 분도 성령이시다. 이처럼 이 세상 우주 만물의 모든 피조물을 하나님 말씀으로, 하나님 앞에 벌거벗은 것 같이 드러나게 하시는 이가 성령이시다(히 4:12~13). 성령, 그는 하나님의 영, 예수님의 영, 진리의 영이시므로 하나님께서 예수님께 주신 모든 말씀으로 하나님과 예수님을 증거하신다. 그러므로 좌로나 우로(말씀이나 성령으로) 치우치지 말아야 한다.

또 다른 어떤 교사는 산기도 가서 소나무 뿌리를 세 개 정도는 뽑도록 땀 흘리며 기도해야 한다거나 성경(눅 11:9~13) 말씀을 인용하여 구하고, 찾고, 두드려야 한다고 가르친다,

또 어떤 이는 율법과 도덕적 회개를 강조하기도 하며 교회 활동(각종 기도 모임, 전도, 봉사, 예배, 헌금, 행사, 선행, 신앙 성숙 등)의 공로를 강조하기도 한다.

그리고 또 다른 어떤 교사는 성령은 거룩하신 분이기 때문에 율법과 도덕적으로 흠이 없도록 온전히 성결해야 한다며 인간의 거룩함과 의를 성령 받는 조건으로 강조하기도 한다.

이들이 주장하는 대로라면 사람이 평생 하나님을 섬겨도 성령을 받지 못한다. 인간의 의나 노력으로 성령을 받을 수 있다고 주

장하는 것은 하나님 약속의 말씀에 부합하지 않는 잘못된 말로 현혹하는 것으로, 성령 받기를 어렵게 하거나 포기하게 한다. 이는 그가 마치 자기의 의로 성령 받은 것처럼 다른 사람들에게 자랑하고 과시하는 교만한 행위이며, 이는 또 하나님의 계획과 약속으로 거저 주신 은혜의 선물을 인간의 신앙 열정과 선행의 공로와 율법과 도덕으로 얻어지는 수고의 삯으로 오해하게 한다.

이처럼 성령 받음에 대한 비성경적인 가르침은 자신은 물론 다른 사람의 신앙에도 심각한 오염의 요인이 되기도 한다. 그들이 주장하는 내용들은, 성령을 받은 후 그의 인도하심에 믿음으로 순종해야 하는 믿음의 행위로, 회개의 열매이며 이는 그 순서가 바뀐 것이다. 사람이 신앙생활을 바르게 할 수 있는 것은 성령의 인도하심에 믿음으로 순종하는 순간부터 가능한 것이기 때문이다. 그러므로 성령께서 인도하시지 않으면 사람은 하나님께서 기뻐하시는 성숙한 신앙생활(성화)을 할 수 없다. 믿는 자의 모든 일들은 성령의 인도하심에 믿음으로 순종할 때 하나님께서 기뻐하시기 때문이다.

그런 의미에서 교회의 모든 사역과 봉사와 행사와 예식과 헌금 등도 성령의 인도하심에 믿음으로 하지 않는 것은 의미가 없다. 왜냐하면 성경은 "믿음으로 행하지 않는 모든 것이 죄(롬 14:23)."라고 말씀하고 있을 뿐 아니라 하나님께서 기뻐하시지도 않기 때문이라고 하셨기 때문이다. 그러므로 오직 죄 사함을 얻으면 성령을 선물로 받음을 가르쳐야 그의 인도하심에 믿음으로 순종해서 하나님이 기뻐하시는 신앙생활을 할 수 있다. 그래서 하나님께서는 그의 사랑하는 자녀들 누구에게나 성령을 선물로 약속하셨고, 예수님께서는 자기를 사랑하는 사람 누구에게나 이 성령을 보내 주셨다(요 14:15~16).

아브라함이 하나님 명령으로 모리아 산에서 독자 이삭을 제물로 드릴 때(창 22:12~13) 하나님께서 그를 "의롭다." 하신 것은 그의 그 행위를 의로 여기신 것이 아니라 "그의 믿음을 의로 여기셨다." 라고 하셨다(갈 3:6). 율법은 믿음에서 난 것이 아니기 때문이다. 그래서 율법으로 행하는 자들은 율법으로 심판받아 멸망하고(갈 3:1~12) 성령께 믿음으로 순종한 사람은 그리스도와 함께한 하나님의 후사로 그와 함께 영광(영생)을 받는다(롬 8:17). 이처럼 교회 교사들의 비성경적인 가르침은 성령 받기를 원하는 이들에게 갈등과 고통만 안겨줄 뿐이다. 성령은 오직 하나님 약속의 말씀을 믿음으로 받기 때문이다.

둘째, 비성경적인 간증

성령 세례에 대한 많은 간증 중 일부는 성경 말씀에 부합하지 않는 경우가 많다. 이런 간증은 성령 받기를 원하는 형제들에게 좌절과 절망의 원인이 되기도 하며 때로는 심각하고 많은 부작용을 낳기도 한다.

어떤 형제의 간증은 마치 전쟁 영웅담을 듣는 것처럼 하나님께서 특별히 자기에게만 베풀어 주시는 신비하고 기적적인 사건으로 포장하고 과장하며 과시하기도 한다.

또 어떤 형제는 이성(理性)이 배제된 채 무아지경이나 황홀경에 도달해야 성령을 받을 수 있는 것처럼 말한다. 이처럼 말씀을 빗나간 그들의 어지러운 간증은 그것을 마치 영적인 상태로 착각하기 때문이며, 이는 안타깝게도 악한 영을 끌어들이는 원인이 되기도 한다.

비성경적인 간증은 성령 주시는 하나님 은혜보다는 성령 받은 현상에만 매몰되어 자신의 의로움을 과시하려는 교만함 때문이다. 이로 말미암아 성령 받기가 너무 어렵다며 포기하는 안타까운 사례가 많다. 말씀을 벗어난 간증은 하나님께서 사랑하시는 그의 자녀들에게 거저 주시는 은혜의 선물을 마치 어떤 혹독한 대가를 치르거나 신앙의 위대한 공로가 있어야 주시는 기적적인 사건으로 묘사해서 성령 받음을 어렵게 하거나 포기하게 한다. 그러나 성령을 주심은 하나님께서 기적을 베풀어 주시거나 사람이 힘쓰고 땀 흘리며 노력한 대가(삯)로 받는 것이 아니다. 이는 다만 성령 주심에 대한 하나님 약속의 말씀을 단순히 믿음으로 받는다.

셋째, 의심과 두려움

성령 받음에 대한 또 다른 어떤 형제들의 잘못된 인식은 사탄이
나 거짓 경험에 대한 두려움과 의심이다. 그들은 양신(兩神=성령과
악령) 역사(성령이 역사할 때 악령도 역사함)를 말하며 성령을 받으려
다 악령을 받을까 두렵다고 한다. 이는 악한 세력이 성령을 받지
못하도록 방해하는 고도의 속임수다. 우리가 성령 받는 것은 알지
도 못하고 믿지도 않는 어떤 다른 영을 받는 것이 아니다. 이는
누구든지 죄 사함을 얻으면 하나님께서 성령(하나님의 영, 예수의
영)을 선물로 주시는 말씀을 믿음으로 받는다. 성경(눅 11:11)의 말
씀대로 '생선을 달라는 아들에게 생선 대신 뱀을 줄 아버지는 없
는 것'처럼 거룩하시고 전능하신 하나님께서 자기가 약속하신 성
령(성령 충만)을 원하는 그의 사랑하는 자녀에게 어떻게 마귀가 악
한 영을 주도록 내버려 두시겠는가? 이는 그가 믿고 있는 아버지
가 정말로 형편없이 무책임한 분이라고 믿는 것이나 다름없다.

넷째, 돕는 자들의 무지

성령 받기 위한 자세는 자신의 모든 생각과 말과 행동을 멈추고
"누구든지 죄 사함을 얻으면 성령을 선물로 받는다."라고 약속하
신 말씀을 믿고 조용히 집중하는 것이다. 성령은 육신의 노력으

로 받는 것이 아니고 약속의 말씀을 믿음(영적)으로 받는 것이기 때문이다(갈 3:2~5). 그러므로 당신이 죄 사함을 얻었다면 인도자가 성령 받기 위해 기도할 때 "아멘."이라고 화답하지 않아도 된다.

내가 처음 교회에 다닐 때 교회 교사들은 "성령을 받으려면 있는 힘을 다하여 부르짖어 기도해야 한다."라고 가르쳤다 그래서 여럿이 둘러앉아서 성령 받고자 하는 사람을 가운데 나오게 하고 다 함께 큰 소리로 땀 흘리며 열심히 기도했다. 그러나 오랜 시간이 지나도 아무런 반응이 없었다.

그러자 한 형제가 "형제님, 두 손을 높이 들고 아버지께 성령을 달라고 큰 소리로 부르짖어 기도해 보세요."라고 권했다. 그러나 그가 두 손을 높이 들고 땀을 흘리며 소리를 높여 아무리 기도해도 성령 받을 기색은 보이지 않았다.

이번에는 다른 형제가 "형제님, 더 매달려 보세요."라고 하며 부추겼다, 그래도 성령 받을 기색은 없었다.

그러자 이번에는 그 옆에 있던 또 다른 형제가 "형제님, 무릎을 꿇고 손을 높이 들고 주님을 찬양해 보세요. 찬송을 기뻐하시는 하나님께서 반드시 성령을 주실 것입니다."라고 했지만 그러나 여전히 무소식이었다.

이를 본 또 다른 형제가 기다렸다는 듯이 "자 형제님, 이제는 긴장을 풀고 모든 것을 맡기세요."라고 하면서 등을 두드리고 여기저기 주물러 주기도 했다.

성령을 받으려는 사람이 성령을 달라고 큰 소리로 부르짖어 기도하는 한 성령은 받을 수 없다. 자기 의지로 강하게 소리치는 이에게 성령이 오셔서 그를 인도하셔도 그는 성령이 오심을 인식할 수도 없을 것이다. 성령은 큰 소리로 부르짖으며 기도해서는 받을 수 없기 때문이다. 이는 오직 죄 사함을 얻으면 선물로 거저 받는 것을, 믿음으로 받는 것이기 때문이다.

또한 "매달리라."라고 하며 부추기는 것은 성령 받기 위해 힘쓰고, 애쓰고, 땀 흘리며, 사정해야(기도) 한다는 의미인 것 같다. 그러나 애걸복걸할수록 성령 받기는 점점 더 어려워진다. 인간의 수고와 노력으로 얻어지는 것이 아니기 때문이다.

무릎을 꿇고 손을 높이 들고 큰 소리로 주님을 찬양하라고 하지만 몇 분 지나면 팔다리와 어깨가 쑤시고, 허리도 아파서 성령 받으려는 생각은 멀찌감치 달아나 버리고 만다.

또 다른 형제가 풀어 놓으라고 하며 여기저기 몸을 두드리는 것 역시 마음을 집중하지 못하게 하므로 결정적인 방해만 될 뿐이다. 성령을 받는 것은 오직 죄 사함을 얻으면 선물로 거저 받는 것임을 믿음으로 받는 것이기 때문이다.

교회 안의 성숙하지 못한 형제들은 성령 받음을 인간의 노력이나 공로인 것처럼 말한다. 이는 그들이 성령 받음에 대한 아버지 약속의 말씀에 무지하므로 성령을 선물로 받은 은혜의 공로를 아버지께 돌리지 않고 자기 믿음을 과시하려는 헛된 교만함 때문이다. 그래서 성령 받기를 원하는 형제들에게 온갖 방해되는 행동만을 주문하게 된다. 그러므로 잘못 깨달은 경험을 자랑하려 하지 말고 성경 말씀에 부합하도록 권면하는 것이 무엇보다도 중요함을 깨달아야 한다.

오늘날 교회 공동체의 많은 구성원이 율법이나 도덕이나 열심 있는 교회 활동이나 그리고 특별한 신앙적 공로를 성령 받는 조건으로 착각하고 있다. 이로 말미암아 구원의 참 기쁨을 누리지 못한 채 하나님께 나가 예배를 드리면서도 늘 회의(懷疑)에 빠져 갈등하며 고민하고 있다. 그러나 성경을 받는 것은 오직 "죄 사함을 얻으면 선물로 받는다(행 2: 38)." 라고 말씀하고 있다. 사람이 하나님께 죄 사함을 얻었다는 것은 이미 죄에서 깨끗해진 것(의인: 성결)이므로 성령 받을 준비가 완료된 것이므로 성령 받는 약속의 말씀(욜 2:28~32, 행 2:38)을 믿기만 하면(갈 3:3~5) 된다.

제8장
새롭게 하시는 성령

하나님께서는 당신 마음에 성령을 두시고 굳은 마음(옛사람의 마음)을 제거하고 부드러운 새 마음을 주심으로 하나님 말씀을 지켜 행하게 하셨다. 이는 하나님께서 당신 마음에 성령을 주심으로 거듭나서 변화되게 하시고 회개에 합당한 열매를 맺게 하심이다(겔 36:25~27).

롬 7:21 그러므로 내가 한 법을 깨달았노니 곧 선을 행하기 원하는 나에게 악이 함께 있는 것이로다

22 내 속사람으로는 하나님의 법을 즐거워하되

23 내 지체 속에서 한 다른 법이 내 마음의 법과 싸워 내 지체 속에 있는 죄의 법으로 나를 사로잡는 것을 보는 도다

24 오호라 나는 곤고한 사람이로다 이 사망의 몸에서 누가 나를 건져내랴

25 우리 주 예수 그리스도로 말미암아 하나님께 감사하리로다 그런즉 내 자신이 마음으로는 하나님의 법을 육신으로는 죄의 법을 섬기노라

거듭난 사람 마음의 갈등 비교

분류	마음 안의 두 존재	구 분	긴장과 갈등
마음	거듭난 영	속사람	하나님의 법
	거듭나지 않은 혼	겉 사람	죄(지체)의 법

    사람의 마음(혼, 정신) 안에는 지(知識), 정(感情), 의(意志)의 세 영역이 있다. 지(知)적인 영역은 성령께서 그의 영에 전달해 준 믿음을 인지(이해 수용 또는 보류와 거부)해서 분석하고, 정(情)적인 영역은 지적인 영역이 인지한 믿음의 내용에 대한 기분을 느끼고(감정) 마음을 결단하는 의지에 결정적인 영향을 끼친다. 그리고 의지(意志)의 영역은 '어떻게 반응(말과 행동)할까?'를 생각하고 결단하게 된다.

    당신 마음 안에서 진행되는 모든 것을 인지하고 분석하고 느낀 것에 의해 결정하는 것은 당신 마음에 있는 생각(지, 정, 의)이다. 생각의 활동 영역은 사람의 마음이므로 삶을 결정짓는 결정적인 요소가 된다. 이로 말미암아 당신이 마음으로 악한 생각을 품고 있으면 당신 삶의 모습은 악하게 나타나고 선한 생각을 품고 있으면 선하게(믿음) 나타나게 된다. 이는 당신이 마음으로 어떤 생각을 품고 있는가에 따라 말하고 행하게 되므로, 당신 삶의 모습은 당신의 생각에 따라 선한 모습과 악한 모습으로 나타나게 된다는 의미이다.

사람의 몸은 영(심령: 양심)과 혼(마음: 정신)을 담은 그릇과 같다. 특히 영은 마음의 깊은 곳 즉 양심(심령)으로 성령을 영접하기 전(거듭나기 전)까지는 하나님께 대하여는 죽은 상태(반응하지 못하는 상태)지만, 예수 그리스도를 영접하므로 거듭난 후(중생)로는 하나님에 대하여 살아있는 것이므로 성령께서 그와 함께 계신다(거하심과 속에 계심). 이로 말미암아 거듭난 사람의 마음 안에서는 육신의 생각을 하는 거듭나지 않은 겉 사람의 굳은 마음(혼)과 하나님 말씀으로 인도하시는 성령께 순종해서 영(믿음)의 일을 생각하는 속사람의 부드러운 마음(영 양심)이 공존하며 서로 갈등한다.

겉 사람은 양심(성령)을 거스르며 지체의 욕심을 따르려 하고 속사람은 성령께 믿음으로 순종하려고 한다. 그래서 마음(속사람: 양심)으로는 하나님의 법(영생의 성령의 법)을 섬기지만 지체(거듭나지 않은 육)로는 죄의 법(사망의 법)을 섬긴다. 이처럼 두 법은 거듭난 사람의 마음 안에서 서로 갈등하고 대립하면서 지체 속에 있는 한 다른 법(거듭나지 않은 겉 사람)이 그 마음의 법(거듭난 속사람)과 싸워 마음의 법을 죄의 법 앞으로 사로잡아 온다. 이는 육신(거듭난 사람)의 욕심이 성령께서 인도하시는 하나님 말씀에 믿음으로 순종하지 못하게 억제하므로 영이 몸의 행실을 죽이지 못하기 때문이다.

사람이 거듭났으나 성령의 인도하심에 믿음으로 순종하지 못하는 것은 지체의 법을 따르려는 겉 사람(옛사람)이 하나님의 법을 따르려는 거듭난 속사람(새 사람)의 생각을 억제하기 때문이다. 이는 사람이 태어날 때부터(원죄: 아담으로 인한 유전 죄) 이미 죄의 본성을 따라 살던 겉 사람이 기득권(창 12:6, 민 33:50~56)을 갖고 그 영향력을 행사하며 그의 주인 노릇하기 때문이며, 이는 또한 신앙 성숙(성화)을 위한 회개에 열매를 맺기 위하여 성령의 인도하심에 믿음으로 순종해야 하는 이유이기도 하다. 그러므로 지체의 법을 따르는 겉 사람(옛사람)을 억제하려면 속사람이 항상 성령으로 충만해야 한다.

인간은 누구나 두 마음의 법(죄와 양심의 소리) 사이에서 고민과 갈등으로 고통을 당하지만 안타깝게도 이 사망(죄에 사로잡혀 오는 양심)의 몸에서 건져줄 존재는 아무도 없다. 그래서 인간은 너무도 비참한 존재다. 그러나 하나님께 감사할 수 있는 것은 누구든지 그리스도 예수 안에 있으면 결코 정죄함이 없는데(롬 8:1). 이는 육신을 따르지 않고 성령을 따라 믿음으로 살 수 있게 되었기 때문이다(롬 7:17~8:2).

신앙 신분을 새롭게 하심(예수 이름 세례)

옛사람(죄인)이 회개하여 하나님께 죄 사함을 얻어 "의롭다." 하심으로 죄인(옛사람)이던 사람이 의인(새 사람)으로 거듭나는 것(고후 5:17)이 신앙 신분의 변화이다. 사람이 거듭나는 것은 하나님께서 그 아들 예수 그리스도를 믿는 사람에게 그 안에 있는 영원한 생명을 주서서 그의 자녀가 되는 권세를 주신 것으로 사람이 혈통과 육정의 유전으로 부모에게서 태어나는 것과는 달리 하나님께로 난 것이다(요 1:12~13). 다시 말하면 하나님 자녀가 되는 것은 혈과 육으로 되지 않고 영으로 거듭나는 것임을 말씀하심이다.

> **롬 6:4** 그러므로 우리가 그의 죽으심과 합하여 세례를 받음으로 그와 함께 장사 되었나니 이는 아버지의 영광으로 말미암아 그리스도를 죽은 자 가운데서 살리심과 같이 우리로 또한 새 생명 가운데서 행하게 하려 함이라

예수 그리스도께서 인간의 죄를 대신해서 십자가에 못 박혀 죽고, 장사한 지 사흘 만에 아버지의 영광으로 죽은 자 가운데서 다시 살아나신 것 같이, 옛사람이던 당신이 신앙을 결단하고 예수 이름으로 세례 받음은 그리스도 예수처럼 영원한 새 생명으로 살아가게 된 것이다. 왜냐하면 그리스도 예수와 합한 세례는 그의 죽음과 함께 당신의 옛사람(본성적 자아)도 죽은 것이고, 그가 무덤에 장사된 것처럼 죄가 더 이상 당신에게 영향력을 행사하지 못하게 된 것으로 이는 죽은 자가 죄에서 벗어나 "의롭다."라고 하심(죄

에서 자유함)을 얻은 것이다(롬 6:7).

당신이 죄에서 자유함을 얻음은 예수 이름으로 세례 받은 신앙 결단의 믿음, 즉 죄에 대하여는 죽고 그리스도 예수를 믿음으로 하나님께 대하여는 살아 있는 자가 되었음을 믿는 것이다(롬 6:11). 그러므로 이제는 죄의 삯으로 죽어야 할 몸을 죄가 지배하지 못하게 된 것이다. 그러므로 이제는 몸을 육체의 욕망을 따라 죄의 도구로 사용하지 말고 오직 죽은 자 가운데서 다시 살아난 자 같이 몸을 하나님께 산 제사로 드려야 한다(롬 6:12~13). 사람의 신앙 신분의 변화는 예수 그리스도의 대속과 부활을 믿는 믿음의 결단(세례)으로 되기 때문이다.

하나님께서는 사람에게 성령을 부어 주시기 전에 먼저 옛사람의 죄를 깨끗하게 씻어 의인으로 거듭나게(중생의 씻음: 구원) 하시고, 성령을 풍성하게 부어 주셔서 새롭게 하심으로 회개에 합당한 열매를 맺는 하나님의 후사가 되게 하셨다. 이를 위해 그가 계획하신 구원의 때가 이르자 그 아들 예수 그리스도를 십자가의 대속 제물이 되게 하시고, 그를 죽은 자 가운데서 다시 살리심으로 그 피를 믿음으로 말미암아 세상 모든 사람을 모든 죄에서 구원 얻게 하시고 또 그의 부활을 믿음으로 영원한 새 생명으로 살아가게(롬 6:4) 하셨다.

딛 3:4 우리 구주 하나님의 자비와 사람 사랑하심이 나타날 때

5 우리를 구원하시되 우리가 행한 바 의로운 행위로 말미암지 아니하고

오직 그의 긍휼하심을 따라 중생의 씻음과 성령의 새롭게 하심으로 하

셨나니

신앙 신분의 변화

변화 내용	결과	성경
죄인→의인	중생의 씻음	딛 3:3~5 롬 6:4~11
사람 자녀→하나님 자녀	새사람	요 1:12~13 고후 5:17

하나님께서 사람을 죄에서 구원하실 때(중생의 씻음) 율법이나 도덕이나 선행이나 사람의 의로운 행위나 공로로 하지 않고 오직 하나님의 긍휼하심을 따라 그의 자비를 나타내시기 위해서 하신다. 이에 대해 선지자는 다음과 같이 선포했다.

겔 36:25 맑은 물을 너희에게 뿌려서 너희로 정결하게 하되 곧 너희 모든 더러운 것에서와 모든 우상 숭배에서 너희를 정결하게 할 것이며

사람의 몸에 묻은 더러운 때를 맑은 물로 씻어 깨끗하게 하는 것처럼 하나님께서는 그 아들 예수 그리스가 십자가에서 흘리신

대속의 피로 모든 사람의 모든 죄를 깨끗하게 씻어 "의롭다."라고 하시고, 모든 죄와 우상 숭배에서 깨끗하게(죄 사함) 하셨다. 사람의 거듭남(중생의 씻음)은 그의 인격이나 성격이 전보다 더 선하게 성숙하거나 개선된 것이 아니다. 이는 하나님께 대하여 죽었던 옛 사람(죄인)의 영이 하나님을 영접하므로 그 영이 다시 살아난 것이다. 그러므로 누구든지 그리스도 예수 안(믿으면)에 있으면 이전 것(옛사람)은 지나가고 새로운 피조물인 새 것(거듭남: 구원)이 된 것이다(고후 5:17). 그러므로 사람이 자기 공로로 구원 얻은 것처럼 자랑할 근거는 없다.

인간은 태초에 하나님의 성품을 닮은 영(양심)적인 존재(영적 존재)로 지음을 받았다. 그러나 에덴동산에서 범한 선악과 사건으로 처음 사람 아담이 타락하고, 그로 인한 죄(원죄: 본성적 죄)는 유전되어 모든 사람(죄인)의 영(양심)이 원수 마귀의 지배 아래 있게 되었다. 그러나 하나님께서는 그 아들 예수 그리스도의 피로 말미암아 죄를 사하시고 성령을 주셨다. 이로 말미암아 심판으로 멸망할 원수 마귀의 지배에서 해방되어(멸망) 영원히 죽지 않을 새 생명을 소유한 새 사람으로 다시 나게 하셨다. 이는 에덴동산의 선악과 사건 이전의 영(양심)을 소유한 존재로의 회복이다. 그러므로 사람의 영이 성령으로 거듭나지 않으면 회개에 합당한 열매를 맺지 못하고, 원수 마귀의 유혹을 따라 세상 욕심을 쫓는 죄의 노예가 된다. 그래서 하나님께서는 옛사람을 죄에서 구원해 성령을 풍성하게 부어 주셨다.

　사람에게는 육신이 요구하는 끊임없는 욕망이 있다. 이는 본성적인 것들(자아)로서 악한 세력에 의한 충동과 유혹으로 끊임없이 미혹을 당한다. 이로 말미암아 하나님을 거역하고 죄의 종 노릇하며 악한 영(마귀 또는 귀신)을 마음에 끌어들이는 원인이 되기도 한다. 악한 영은 사람의 마음을 유혹해서 악한 생각(죄)을 품게 하고, 육신이 요구하는 탐욕을 따라 생각하고 말하고 행하게 한다 (눅 22:3, 요 13:27). 그러므로 만일 사람이 마음속에 악한 생각을 품고 있으면 그는 그 영향으로 악한 말과 악한 행동을 하게 된다. 사람은 그 마음에 품은 생각에 따라 말하고 행동하기 때문이다.

　사람이 악한 영의 종이 되는 것은 그의 양심(영, 심령)이 화인(火印) 맞은 것이므로 그의 혼(마음의 생각)과 육(언행)이 죄악에서 헤어나지 못하므로 성령이 영향력(인도하심)을 발휘하지 못하게 된다 (불순종). 그러므로 누구든지 하나님의 구원과 영생의 기쁨을 맛보고, 성령을 선물로 받고, 또 하나님의 한량없는 긍휼과 자비하심으로 죄인을 구원하시고, 영생하게 하시는 하나님의 선하신 말씀과 장차 올 하나님 나라 생명의 권능(영생)을 알고 믿었으면서 성령을 거부하고, 훼방하며, 불순종하면 그는 다시 주께 돌아올 기회가 없다. 이는 대신 죽고 부활하신 그리스도 예수를 뭇사람 앞에서 현저하게 부인하고 모욕하는 것(불법)으로 그리스도 예수

를 다시 십자가에 못 박는 행위로 회개할 기회가 없기 때문이다
(히 6:4~6). 성령, 그는 회개의 대상이 아니라 믿고 순종해야 할 대
상이기 때문이다.

사람이 그리스도 예수를 모를 때는 육신의 욕망을 이루기 위해
죄의 노예로 살았다. 그러나 이제 거듭난 후로는 그리스도 예수
안에서 의의 종이 되어 하나님을 믿는 믿음으로 살아가게 된 것이
다(갈 2:19~20, 고후 5:15). 죄인이 의인이 되어 새사람(새 생명: 영생)
으로 새롭게 살아가도록(새 생명 가운데 행함) 인도하시는 이는 성령
이시고, 그 능력(기름 부으심, 고후 1:21)을 주신 이는 하나님이시다.
이를 위해 하나님께서 사람의 마음에 성령을 주셨다고 다음과 같
이 말씀하신다.

> **겔 36:26** 또 새 영을 너희 속에 두고 새 음을 너희에게 주되 너희 육신에
> 서 굳은 마음을 제거하고 부드러운 마음을 줄 것이며
> **27** 또 내 영을 너희 속에 두어 너희로 내 율례를 행하게 하리니 너희가
> 내 규례를 지켜 행할지라

하나님께서는 사람의 마음에 성령을 주시고 육신을 위해 우상
을 섬기던 굳은 마음을 제거하고 부드러운 새 마음을 주셔서 그
가 하나님의 율례와 규례를 지켜 행하게 하셨다. 그러므로 우상을
섬기며 하나님을 거부하던 옛사람의 굳은 마음이 성령의 인도하심

에 믿음으로 순종하는 부드러운 새 마음으로 새롭게 변화되어 세
상이 추구하는 가치와 풍습에 동화되지 않고 오직 하나님의 선하
시고, 기뻐하고, 온전한 뜻이 무엇인지를 분별하고, 입증하는 삶을
살게 된 것이다. 이를 위해 하나님께서는 성령을 풍성하게 주셨다.

> **딛 3:6** 우리 구주 예수 그리스도로 말미암아 우리에게 그 성령을 풍성
>
> 히 부어 주사
>
> **7** 우리로 그의 은혜를 힘입어 의롭다 하심을 얻어 영생의 소망을 따라
>
> 상속자가 되게 하려 하심이라

하나님께서 죄인을 구원해서 성령을 풍성하게 주심으로 회개에
합당한 열매(성화)를 맺게 하시고 그리스도 예수와 함께한 하나님
의 후사로 살아가게 하셨다. 그러므로 우리는 언제나 그의 인도하
심에 믿음으로 순종해야 한다. 그리할 때 삶의 현장에서는 살아
역사하시는 하나님 말씀의 권능이 나타나게 된다(요 14:21). 그러
므로 우리는 언제나 자신을 높게 평가하지 말고 하나님께서 주신
믿음의 분량대로 정직하고, 겸손한 마음으로 지혜롭게 생각하고,
말하고, 행동해야 한다. 왜냐하면 하나님의 후사(상속자)로서 그에
합당하게 살아야 하는(열매) 책임과 의무가 우리에게 있기 때문이
다(롬 12:1~3).

생각(가치관)을 새롭게 하심(하나님을 향한 믿음)

사람이 하나님께 "의롭다."라고 하심을 얻는 것은 율법의 행위로 인함이 아니고, 오직 주 예수 그리스도의 대속과 부활을 믿는 믿음으로 인함이다. 율법의 행위로는 하나님께 "의롭다."라고 하심을 얻을 수 없기 때문이다(갈 2:16).

갈 2:19 내가 율법으로 말미암아 율법에 대하여 죽었나니 이는 하나님에 대하여 살려 함이라

20 내가 그리스도와 함께 십자가에 못 박혔나니 그런즉 이제는 내가 사는 것이 아니요 오직 내 안에 그리스도께서 사시는 것이라 이제 내가 육체 가운데 사는 것은 나를 사랑하사 나를 위하여 자기 자신을 버리신 하나님의 아들을 믿는 믿음 안에서 사는 것이라

생각(가치관)의 변화

변화 내용	결과	성경
가치관	하나님을 향해	갈 2:19~20
일상	육신 생각→영의 생각	롬 6:5

만일 사람이 의롭게 되는 것이 율법으로 인한 것이면 그리스도는 헛되이 죽은 것이다(갈 2:21). 그러므로 사람이 하나님을 향해 살려는 믿음은 율법에 정한 죄로 인하여 율법(죄)에 대하여는 죽은 것이므로 이제는 하나님의 아들을 믿는 믿음으로 살기 위해 신앙 결단(믿음의 생각을 굳힘)을 한 것이다.

예수 그리스도를 믿음은 그의 대신 죽음과 합하여 세례를 받은 것이므로 율법에 대하여는 죽은 것(믿음)이다. 이는 죄의 본성이 그리스도 예수의 죽음과 함께 장사 된 것(영향력의 상실)을 의미한다. 그러므로 하나님 아버지께서 그의 영광스러운 능력으로 말미암아 그리스도 예수를 죽은 자 가운데서 다시 살리심과 같이 예수 이름으로 세례(예수와 합한 세례)를 받은 당신에게도 그와 함께 영원한 새 생명 주신 것을 믿고 하나님의 아들을 믿는 믿음으로 살겠다는 신앙의 결단을 한 것이다(갈 2:20). 이로 말미암아 이제 당신이 육체 가운데 사는 것은 당신 자신(자아)을 위해서가 아니라 당신을 사랑해서 당신을 위하여 자기 몸을 버리신 하나님의 아들 예수 그리스도를 믿는 믿음으로 살아야 한다. 이는 당신의 생각(삶의 가치관)이 새롭게 변화되어 거듭났기 때문에 가능한 일이다(롬 6:4).

거듭나지 않은 사람은 육신을 따르기 때문에 육신의 일을 생각하고 거듭난 사람은 영을 따르므로 영의 일(하나님의 일)을 생각하게 된다. 이에 대해 성경은 다음과 같이 말씀하신다.

롬 8:5 육신을 따르는 자는 육신의 일을 영을 따르는 자는 영의 일을 생

각하나니

거듭나기 전과 후의 사람(영, 혼, 육)의 비교

분 류	영(심령 양심) 최고의 가치관	혼(지, 정, 의) 생각	육(본능적 욕구) 말 행동
중생 전	선 (율법, 도덕, 의)	육신의 생각 (악한 영의 유혹)	본능적 욕구 추구 (마귀의 종 노릇)
중생 후	믿음 (하나님 말씀)	영의 생각 (성령의 인도)	믿음으로 순종 (회개의 열매)

위 본문 말씀처럼 육신의 일만 생각하던 사람의 생각(삶의 가치
관)이 변화되면(하나님을 향한 믿음) 성령의 인도하심으로 영의 일을
생각하게 된다. 성령께서는 언제나 하나님의 일을 생각하게 하시
기 때문이다. 이는 하나님께서 창세 전에 미리 계획하시고 작정하
신 장래의 크고 비밀 한 일로서 구원과 영생의 일이다. 이는 사람
의 영이 하나님 말씀으로 인도하시는 성령께 감화되어 그 마음의
생각이 이를 수용하고(믿음) 몸이 마음(생각)의 결정에 따라 믿음
으로 말하고 행동함을 의미한다. 그러나 거듭나지 않은 사람은 성
령의 인도하심을 인지하지 못하기 때문에 말씀에 순종할 수 없다.
하나님을 향해 사는 것은 성령의 인도하심에 믿음으로 순종하는
것이기 때문이다.

당신과 영원토록 함께하시는 성령, 그분은 당신의 사역과 삶의 현장에서 주님이 말씀하신 영생하는 진리의 말씀으로 하나님의 영광을 나타내도록 인도하신다. 그러므로 성령께서 당신을 인도하실 때(가르치고 생각나게, 요 14:26) 믿음으로 순종해야 한다. 왜냐하면 당신이 만일 육신대로 살면 반드시 멸망(지옥)하지만 성령의 인도하심에 믿음으로 순종해서 몸의 악한 행실을 억제하면 영원히 살기 때문이다(롬 8:13).

그러나 교회 공동체에 속한 어떤 형제들은 성령의 인도하심을 모르거나 또는 알아도 믿음으로 순종하지 않는다. 심지어 그들은 "성령 없이도 신앙생활 하는데 아무런 지장이 없다."라고 당연한 것처럼 말하기도 한다. 이로 말미암아 교회 안팎의 사역과 삶의 현장에서 하나님 뜻을 살피지 못하고 자기 뜻대로 생각하고 말하고 행동한다. 그들은 이것을 너무도 당연하게 생각한다. 그러므로 그들이 하나님을 기쁘시게 한다는 것은 정말로 불가능하다. 그 결과 하나님께 영광을 돌리지 못하고 불법으로 생각하고 말하고 행하며 자기의 의(칭찬, 과시, 자랑)만 드러내게 된다. 그러나 성령을 받은 당신은 무슨 일에든지 그의 인도하심을 항상 기대하고 인정하고 믿음으로 순종해야 한다. 그렇게 할 때 그는 더욱 풍성하게 당신을 인도해 주실 것이기 때문이다. 성령은 육신의 생각과 영의 생각을 분별하게 해서 영의 일을 생각하게 하시기 때문이다.

사람이 세상 욕망에 빠져 육신의 일을 생각하는 것은 하나님이

싫어하는 일이다. 이는 하나님과 원수가 될 뿐이기 때문이다. 당신이 성령의 인도하심에 믿음으로 순종하는 것은 하나님 말씀을 믿고 수용하는 것이며, 말씀에 복종하는 것은 당신의 상식으로는 동의할 수 없고 수용할 수도 없지만 하나님 말씀이 진리이므로 그 권위를 믿고 따르는 것이다.

그러므로 당신 마음속에서 하나님의 영이 활동하신다면(믿음으로 순종) 당신은 육신에 있지 않고 영에 있는 것이다. 이로 말미암아 당신의 몸(육신)은 죄(원죄)로 인하여 죽지만 그러나 당신의 영은 그리스도 예수를 죽은 자 가운데서 살리신 이의 영(성령)으로 말미암아 마지막 날에 죽지 않고 영원히 산다. 이는 하나님께서 그 아들 예수 그리스도에게 새 생명(영원한 생명)을 주신 것처럼 그의 대속과 부활을 믿는 당신에게도 같은 새 생명(영원한 생명)을 주셨기 때문이다(요 5:24~25). 이는 성령께서 당신 마음(생각)을 새롭게 하심으로 자신만을 위해 육신의 일만 생각하던 당신이 하나님의 일에 더 관심을 집중하게 되고 생각하게 되는 이유이다.

삶(말과 행동)을 새롭게 하심(대신 죽은 자를 위해)

우리가 옛사람(죄인)이었을 때는 말로 다 할 수 없는 하나님의 크신 은혜를 외면하고 오히려 그를 향해 삿대질하고 거역하며 제 갈 길로만 갔다. 그때 우리는 영혼을 도적질하고, 죽이고, 멸망시키는 도적(악한 영)에게 매어 세상 정욕과 쾌락에 빠져 죄의 종 노릇하며 투기를 일삼았고 다른 이를 미워하며 가증스럽게 살았다. 그리함에도 하나님께서는 우리를 징벌하지 않으시고 오히려 끝까지(회개할 때까지) 참으시며 불쌍히 여기시는 중에 마침내 우리가 죄를 깨닫고 회개하므로 용서하시고 "의롭다."라고 하시며 구원해서 성령을 풍성하게 주시고 하나님의 후사(상속자)로 영생의 소망을 품은 거룩하신 하나님의 영광스러운 자녀가 되게 하셨다.

고후 5:15 그가 모든 사람을 대신하여 죽으심은 살아 있는 자들로 하여금 다시는 그들 자신을 위하여 살지 않고 오직 그들을 대신하여 죽었다가 다시 살아나신 이를 위하여 살게 하려 함이라

말과 행동의 변화

변화 내용	결과	성경
말과 행동	회개의 열매	갈 5:22~24
생활	대신 죽은 자를 위해	고후 5:15

우리가 거룩하신 하나님의 영광스러운 자녀가 된 것은 우리가 의롭게 살았기 때문이 아니다. 이는 오직 하나님께서 그의 긍휼하

심과 자비와 사랑하심으로 흉악한 죄인이던 우리를 끝까지 버리지 않으시고 기다리시며 사랑해 주셨기 때문이라는 것을 우리 자신도 잘 알고 있는 사실이다. 그러므로 우리는 하나님께 받은 이 은혜를 확실하게 입증해야 할 책임과 의무가 있다. 이를 위해 예수 그리스도를 믿음으로 구원 얻은 우리는 대신 죽은 자를 위해 살아야 한다. 예수 그리스도께서 모든 사람의 모든 죄를 대신해서 죽음은 살아있는 자들이 대신 죽은 자를 위해 살게 하려는 것이기 때문이다(고후 5:15). 그러므로 대신 죽은 예수 그리스도를 믿음으로 구원 얻은 당신은 그를 위해 사는 것이 마땅하다.

당신이 대신 죽은 자를 위해 살기로 결단했다는 것은 지금까지는 당신 자신만을 위해 살아왔지만 이제는 당신의 모든 것 보다 먼저 당신 대신 죽은 그리스도 예수를 삶에 우선순위로 둔 것을 의미한다. 당신의 이 믿음을 인정하신 하나님께서는 세상 모든 사람의 모든 죄를 그들에게 돌리지 않고 그들을 하나님과 화목하게 하는 말씀을 당신에게 부탁해서 그들도 당신처럼 하나님과 화목하게 하라는 직분을 주신 것이다. 그러므로 당신은 그리스도 예수를 대신한 화목을 위한 사신이 되어 범법한 그들에게 구원과 영생의 복음을 전해서 하나님과 화목하게 하는 것이 대신 죽은 그리스도 예수를 위해 사는 것이다(고후 5:15~20).

만일 예수를 죽은 자 가운데서 살리신 이의 영(성령)이 당신 안에서 활동(인도하심)하시고 있다면 당신은 육신에 빚진 것이 아니므로 육신의 종으로 살아야 할 이유가 없다. 당신이 지은 죄의 삯(사망)은 이미 예수 그리스도께서 십자가에서 흘리신 피로 다 갚았기 때문이다. 그러므로 당신은 그리스도 예수께 빚진 것이므로 그에게 빚을 갚으며 살아야 할 의무가 있다. 왜냐하면 예수 그리스도께서 당신을 죄에서 구원하시기 위해서 당신 대신 돌아가셨기 때문이다(고후 5:15).

성령께서는 당신을 당신 대신 죽은 자를 위해 살게 하시려고 당신의 삶(말과 행동)을 새롭게 인도하신다. 그러나 당신이 믿음으로 순종하지 않으면 아무 소용이 없다. 성령, 그분은 당신을 억압하거나 강요하시지 않기 때문이며 이는 또 믿음이 아니기 때문이다. 그러므로 성령의 인도하심에 믿음으로 순종해야 삶이 변화되어 복음 사역과 일상생활에서 성령의 역사가 나타나고(막 13:20) 회개에 합당한 열매가 맺힌다.

당신은 당신이 생각하는 대로의 사람이다 당신이 마음에 품고 있는 그 생각은 당신의 삶의 질을 결정짓는 중요한 요소이기 때문이다. 하나님께서는 당신 마음에 성령을 두시고 그가 당신의 영과 더불어 하나님께서 주신 믿음의 생각에 순종하도록 인도하신다(요 14:26, 겔 36:26~27). 이는 성령께서 당신을 대신 죽은 예수 그리스도를 위해 살아가게 하시기 위함이다. 그러므로 생각이 변화되면 당신의 삶도 바뀌게 된다.

당신의 삶이 변화되도록 인도하시는 이는 성령이지만 실제로 삶이 변화되려면 당신이 성령의 인도하심에 믿음으로 순종해야 한다. 성경(요 3:36)에서는 예수 그리스도의 대속과 부활을 믿는 자에게는 영생(구원)이 있지만 그러나 그를 순종하지 않는 자(믿지 않는 자)는 "영생(아버지 나라)을 보지 못하고 도리어 하나님 진노의 심판을 받는다."라고 말씀하신다. 믿음은 순종(행함)을 동반하기 때문에(약 2:20~26) 성령의 인도하심에 순종하지 않는 것은 하나님 말씀을 믿지 않는 것이며 이는 영의 일(하나님 나라의 일)을 생각하지 않기 때문이다.

그러므로 죄를 짓지 않기 위해 율법을 지키려고 힘쓰지 말고 몸의 행실을 억제하도록 인도하시는 성령께 믿음으로 순종해야 한다(롬 8:13, 갈 5:16). 세례 받은 자는 그의 육체와 함께 그 정욕을 십자가에 이미 못 박았기 때문이다(갈 5:24). 이를 위해 하나님께서 성령을 주시고 그의 마음(혼, 정신)에 믿음(세상 가치관 → 신앙의 가치관)을 주셔서 새롭게 변화되게 하신다. 이로 말미암아 그의 마음은 하나님이 기뻐하시는 뜻대로 생각하고 그의 지체는 그 마음의 생각이 정한(하나님 뜻) 대로 하나님이 기뻐하시는 말과 행동을 하게 된다. 이처럼 사람이 성령의 인도하심으로 그의 생각이 바뀌면(변화되면), 그의 말과 행동이 변화되므로 그의 삶이 바뀌게 된다. 사람은 하나님께서 그 마음(영: 심령 양심)에 주신 성령에 의해 그 마음의 생각이 변화되고, 그 결과 삶이 변화되기 때문이다.

제9장
열매 맺게 하시는 성령

만일 복중에 있는 태아가 세상 밖으로 나오지 않고 계속 복중에 머물러만 있으면 어떻게 될까? 그 엄마와 복중의 태아에게는 얼마 지나지 않아 심각한 문제가 발생하게 될 것이다. 사람이 성령께 순종하여 믿음으로 행하지 않고 마음에 품고만 있는 믿음도 이와 같은 결과를 초래하게 될 것이다. 그런 의미에서 만일 당신 마음 안에 회개한 믿음이 있으면서도(구원) 그 마음 안에 있는 믿음이 당신의 삶(사역과 일상)에서 열매를 맺지 못한다면 그 믿음으로는 영생을 이룰 수가 없다(딛 3:6).

이는 마음에 믿음은 있으나 그 믿음을 행하지 않는 것은 헛것(약 2:20)이며 영혼 없는 몸이 죽은 것 같이 그 마음에 있는 믿음을 행하지 않으면 그 믿음은 죽은 것(약 2:26)이기 때문이다. 그러므로 만일 누구든지 회개에 합당한 열매를 맺지 못하면(눅 3:7~8) 그는 마지막 심판 때 예수님의 타작마당에서 쭉정이로 분류되어 꺼지지 않는 불에 태워지게 될 것이다(눅 3:16~17). 그래서 성령께

서는 당신 마음속에 계시면서 회개에 합당한 열매를 맺도록 인도
하신다.

회개에 합당한 열매

성령의 인도하심은 눈에 보이지 않고 귀에 들리지도 않지만 그
가 거듭난 당신 마음(생각) 안에 계시면서 하나님의 모든 것을 가
르쳐 주시고(지식의 말씀), 또 주께서 말씀하신 하신 모든 말씀이
생각나게(지혜의 말씀) 하신다(요 14:26). 이때 믿음으로 순종하면 성
숙한 신앙(성화: 열매)으로 나아가게 된다. 이는 성령 충만함으로
성령의 열매(갈 5:22~23)를 맺음이다.

회개의 열매는 회개하여 죄 사함을 얻고 구원 얻은 하나님 자녀
가 성령의 인도하심에 믿음으로 순종해서 회개한 자로서 그에 합
당한 열매를 맺는 것이다. 다시 말하면 신앙 성숙(성화)을 의미한
다. 이는 율법이 아닌 믿음으로의 삶과 사역이다. 성경은 회개한
사람이 그에 합당한 열매를 맺어야 마지막 심판(예수님의 타작마당)
에서 하나님의 진노를 피할 수 있다고 말씀하시며 그때 불에 타지
않을 공력(회개의 열매)이 있어야 함을 말씀하신다. 마지막 심판 때
불타지 않을 회개에 합당한 열매는 무엇일까? 성경에서 그 예를
몇 가지 살펴보자.

예수님은 제자들에게 율법 대신 새 계명을 주시면서 "내가 너희를 사랑한 것같이 너희도 서로 사랑하라."라고 하시고 손수 제자들의 발을 씻겨 주셨다.

예수님 당시 보통 사람들은 오늘날처럼 좋은 신발을 신을 수 없었으므로 발에는 온갖 오물과 세균이 묻어 불결하고 냄새도 극심했을 것이다. 예수님은 선생으로서 제자들의 그 더러운 발(죄악)을 손수 씻겨 주시면서(사랑과 용서의 섬김) "너희도 이같이 서로 발을 씻어 주는 것(서로 이해하고, 용서하고, 섬김으로 사랑하는 것)이 마땅하다."라고 하시면서 새 계명의 본보기를 보여주셨다.

예수님은 죄인인 나를 사랑해서 나를 위하여 나를 대신해서 십자가에 못 박혀 죽임을 당하셨다. 이는 그가 나의 죄를 대신해서 자기의 목숨을 버리심이다. 이처럼 나를 구원하시기 위해서 비참하게 돌아가신 그가 마지막으로 부탁하신 "네 이웃 네 몸과 같이 사랑하라."라고 하신 유언을 외면하고 이웃의 궁핍함(몸과 마음의 아픔과 경제적 어려움 삶에 지친 목마름)을 보고도 그를 피하여 불쌍히 여기는 마음을 닫아 버리고 나에게 있는 것(그리스도의 사랑, 세상의 재물 등)으로 이웃에게 도움을 주지 않는다면 나에게 주님의 그 사랑이 있다고 어떻게 말할 수 있을까? 그러므로 우리는 말로만 사랑하지 말고 정말로 주님의 사랑을 믿음으로 실천해야 마땅하다(요일 3:17, 요일 4:9~11). 하나님 나라는 말(믿음의 생각)에 있지 않고 능력(믿음의 행함)에 있기 때문이다(고전 4:20).

예수님은 "나를 사랑하지 않는 사람은 내 말(율법 대신 주신 새 계명)을 지키지 않는다."라고 하시면서 "내가 준 계명(인격 수양을 위한 교훈이 아님)은 나를 보내신 아버지의 말씀."이라고 하셨다(요 14:23~24). 그리고 "내가 너희를 사랑한 것처럼 너희도 서로 사랑하라."라고 하시면서 "이것이 내 제자인 증거다."라고 하셨다(요 13:34~35). 그리고 "마음(진심)을 다하며 목숨(끝까지)을 다하며 힘(노력)을 다하며 뜻(인품)을 다하여 주님과 이웃을 네 몸처럼 사랑하라(눅 10:27)."라고 하셨다. 이는 예수님이 우리를 사랑해서 영생하게 하신 그 사랑(영혼 구원)을 우리의 이웃에게도 전하라(전도)는 말씀이다.

그러나 젖먹이 어린아이처럼 철없는 우리(미성숙한 신앙)에게는 주님과 이웃을 내 몸처럼 사랑할 수 있는 인품도, 능력도, 믿음도 없다. 조금 힘들고 귀찮으면 짜증내고 화를 내며 또 불평하고 원망하며 온갖 상처 주는 말을 하기 때문이다. 그래서 예수님께서는 또 다른 보혜사이신 성령 그분을 우리에게 보내주시고 우리로 그의 인도하심에 믿음으로 순종해서 주님과 이웃을 우리 몸처럼 사랑하게 하신 것이다.

예수님은 자기를 사랑하는 제자들에게 마지막 유언으로 율법 대신 새 계명을 주시고 이를 지켜 회개에 열매를 맺으라고 하셨다. 예수님을 사랑하는 증거는 성령의 인도하심에 믿음으로 순종하는 것이기 때문이다. 그러면 회개의 합당한 열매 즉 예수님께서 말씀하신 "내가 너희를 사랑한 것처럼 너희도 서로 사랑하라."라고 하신 말씀이 어떤 의미인지 성경이 말씀하시는 것 중 몇 가지만 살펴보자.

첫째, 침례 요한의 교훈(회개의 열매와 교회심판)

침례 요한이 요단강에서 "천국이 가까웠다." 라고 외치며 죄 사함을 얻게 하는 회개의 세례를 베풀고 있었다. 이때 예루살렘과 온 유대와 요단강 주변에 사는 많은 사람과 바리새인과 사두개인들도 침례를 받으러 왔다.

마 3:10 이미 도끼가 나무뿌리에 놓였으니 좋은 열매를 맺지 아니하는 나무마다 찍혀 불에 던져지리라

11 나는 너희로 회개 하게 하기 위하여 물로 세례를 베풀거니와 내 뒤에

오시는 이는 나보다 능력이 많으시니 나는 그의 신을 들기도 감당하지

못하겠노라 그는 성령과 불로 너희에게 세례를 베푸실 것이요

12 손에 키를 들고 자기의 타작마당을 정하게 하사 알곡은 모아 곳간에

들이고 쭉정이는 꺼지지 않는 불에 태우시리라(눅 3:16~17)

침례 요한은 바리새인들과 사두개인들을 향하여 "독사의 자식들."이라고 책망하며 "회개에 합당한 열매를 맺지 않으면 하나님의 임박한 진노를 피하지 못한다."라고 했다. 그리고 "좋은 열매를 맺지 않는 나무마다 찍어 불에 던지려고 이미 도끼가 그 나무뿌리에 놓여 있는 것처럼 마지막 때 예수님께서 알곡(열매를 맺은 성도)은 모아 곡간에 들이고 쭉정이(열매 없는 종교인)는 꺼지지 않는 불에 태워 자기의 타작마당(교회)을 깨끗하게(심판) 하실 것."이라고 경고했다. 그리고 그는 그때를 대비해서 예수님이 주시는 성령과 불로 세례를 받으라고 했다. 이는 성령과 불로 세례를 받아야 회개에 합당한 열매를 맺을 수 있으며 그 공력(회개에 합당한 열매)이 마지막 심판 때 불에 타지 않게 될 것이기 때문이다. 성령과 불세례는 이처럼 마지막 심판(영생)과 불가분의 관련이 있다(요 3:7~9, 마 3:1~12).

그런데도 어떤 형제들은 "성령 없이도 신앙생활을 잘하고 있다."라고 자랑하듯 말하기도 한다. 그러나 성경은 처음부터 끝까지 성령과 함께해야 하나님 자녀로 살아갈 수 있음을 끊임없이 강조하

고 있다. 성경 어디에도 성령의 인도하심 없이 율법이나 도덕이나 사람의 능력으로 회개에 합당한 열매를 맺으며 신앙생활을 바르게 할 수 있다고 기록은 한 곳은 없다.

성령세례는 예수님의 타작마당 심판에서 불에 타지 않는 공력(성도가 맺은 회개에 합당한 열매)을 맺게 하는 능력(권능)이다. 그리고 불 세례는 회개에 합당한 열매가 마지막 심판의 날에 불에 타지 않는지를 검증하는 세례이다. 그날에 회개에 열매가 이 불 세례에 타지 않아야 공력(불같은 시험을 통과한 열매)이 되어 알곡(성도의 열매)으로 인정되기 때문이다. 그러므로 성령과 불로 세례를 받지 않으면 회개에 합당한 열매를 맺을 수 없다. 쭉정이는 마지막 날 예수님의 타작마당 심판에서 영원히 꺼지지 않는 불에 타게 되므로 하나님 곳간에 들이지 못한다. 이처럼 예수님 타작마당 심판에서 불타지 않는 공력(회개의 열매)이 되게 하는 능력인 성령 세례와 공력 시험을 하는 불 세례는 마지막 날 예수님 타작마당의 심판을 대비한 것이다.

이때 예루살렘과 온 유대와 요단강 주변에서 침례받기 위해 나온 많은 유대인은 예수님의 타작마당 심판의 경고를 듣고 "우리가 무엇을 해야 회개에 합당한 열매를 맺을 수 있는가?"라고 하고 요한에게 물었다. 침례 요한은 그들에게 아래와 같이 말했다.

침례 요한은 유대인들에게 "옷 두 벌 있는 자는 옷 없는 자에게 나누어 주고 먹을 것이 있는 자도 그렇게 하라."라고 했다.

그리고 세리들에게는 "부과된 세액 외에 추가로 더 징수하지 말라."라고 했다. 당시 이스라엘은 로마 식민지였으므로 세리들에게 책정된 세금을 징수하게 하고 세리들의 급료는 추가로 더 징수하게 했다. 이 과정에서 세리들은 동족인 유대인들에게 많은 돈을 세금으로 착취해서 부를 누리므로 많은 비난과 원성을 들으며 죄인 취급을 받았다.

또 군인들에게는 "사람들을 강탈하지 말며 거짓으로 고발하지 말고 받는 급료를 족한 줄로 알라."라고 했다. 당시의 군인들은 로마 점령군으로서 막강한 권세가 있었으므로 연약한 식민지 국민의 작은 소유를 힘으로 제압해서 강제로 빼앗거나 또 권세로 억압해서 없는 죄를 뒤집어씌워 강탈하거나 뇌물로 탈취해서 억울하게 하지 말고 현재 받는 급료에 만족하는 것이 회개에 합당한 열매를 맺는 것이라고 했다.

이처럼 회개에 합당한 열매는 어떤 위대한 신앙 성숙의 행위나 공로가 아니다. 이는 일상적이며 상식적인 삶의 자세로 연약한 이웃을 내 형편에 맞는 수준에서 예수님이 가르쳐 주신 이웃 사랑으로 믿음을 실천하는 것이다. 그리고 내가 맡은 일로 인하여 그 대상자에게 피해 가지 않도록 배려(성실한 직업의식)하고 연약한 자를 협박하거나 억압하거나 위계로 속여 억울하게 뇌물을 취득하지 않고(공정과 공평) 감사함으로 자족하는 삶이 "회개에 합당한 열매를 맺는 것."이라고 했다.

믿는 자들이 평범하고 보편적인 삶을 외면하면서 하나님의 구원을 말하는 것은 바리새인이나 사두개인들이 회개에 합당한 열매를 맺지도 않으면서 "아브라함이 우리 조상이다."라고 주장하면서 마치 자기들이 하나님께 사랑받는 백성이라도 되는 것처럼 행세하는 것(독사의 자식)이나 다름없다는 의미이다. 그러므로 회개에 합당한 열매를 맺는 것은 평범하고 보편적인 일상에서 성령의 인도하심에 믿음으로 순종하는 삶이다. 이는 구원에 이르는 신앙의 생활화(선한 영향력)이며 하나님이 기뻐하시는 영적인 제사로 몸을 산 제사로 드리는 것이다.

둘째, 사도 바울이 증거한 회개의 열매

사도 바울은 그리스도 예수를 증거하는 일로 대 제사장들에게 고발되어 헤롯 아그립바 왕(2세) 앞에서 죄수로 변론하면서 회개에 합당한 열매에 대하여 "하나님께서 보이신 것(구원과 영생)을 믿는 것(증인의 삶)."이라고 증거했다. 하나님께서 보이신 것은 예수 그리스도의 대속과 부활로 인한 구원(회개)과 영생(열매)이며 이를 증거하는 것이 회개에 합당한 열매를 맺는 것이라는 의미이다(행 26:19~23). 그러므로 아들(예수 그리스도의 대속과 부활)을 믿는 자(죄 사함을 얻은 자)에게는 영생(구원)이 있고 아들을 순종하지 않는 자(열매 없는 자)는 영생(하늘나라 유업)을 보지 못하고 도리어 하나님 진노(심판)가 그 위에 머물게 된다(요 3:36). 그래서 사도 바울은 성경(갈 2:20)에서 "예수님이 나를 사랑해서 나를 위해 자기 몸을 버리셨다."라고 주님의 사랑을 고백하고 있다. 이는 예수님께서 죄인을 위해 자기의 삶을 온전히 희생하셨다는 의미이다.

열매 맺게 인도하시는 성령

가지가 줄기에 붙어 있기만 하면 열매는 저절로 맺히는 것처럼 회개에 합당한 열매를 맺는 것은 사람(가지)이 열매를 맺으려고 힘쓰고 애쓰는 것이 아니다. 이는 사람이 예수(나무) 안에 있으면(가지가 줄기에 붙어 있기만 하면) 열매는 저절로 맺힌다. 사람이 예수(나무) 안에 있다는 의미는 성령께서 인도하실 때 믿음으로 순종함을 의미한다.

> **요 15:4** 내 안에 거하라 나도 너희 안에 거하리라 가지가 포도나무에 붙어 있지 아니하면 스스로 열매를 맺을 수 없음 같이 너희도 내 안에 있지 아니하면 그러하리라

포도송이 열매는 가지가 줄기에 붙어 있기만 하면 저절로 맺힌다. 열매를 맺게 하는 것은 가지가 아니라 줄기이기 때문이다. 이처럼 거듭난 사람이 회개에 합당한 열매(갈 5:22~23)를 맺는 것은 율법과 도덕과 인격의 행위로 맺혀지는 것이 아니다. 이는 성령께서 하나님 말씀으로 인도하실 때 믿음으로 순종하므로 맺힌다. 거듭난 사람 안에 계신 성령께서는 언제나 열매를 맺도록 인도하시기 때문이다. 그러므로 성령의 인도하심에 믿음으로 순종하면 열매는 절로 맺힌다.

당신에게 열매 맺도록 인도하시는 이는 성령이시다. 그가 당신 속(심령, 양심)에 계시면 그는 당신을 복음에 담대하게 해서 복음을 전하게 하신다. 이는 당신 생각으로 하는 것이 아니고, 성령께

서 당신에게 하나님의 일을 생각하게 하시고 그 일을 행하도록 믿음을 주시는 것이다. 성령께서 당신의 영(심령, 양심)에 가르쳐 주시고 생각나게 하신 말씀(지식과 지혜의 말씀: 복음)은 당신 가까이(마음에 있는 믿음)에 있는데 이를 순종하고 전하기 위해서는 당신이 입을 열어 말을 해야 한다. 복음을 전하는 것은 그 말씀에 대한 지식으로 하는 것이 아니라 그 마음에 있는 믿음으로 하는 것이기 때문이다. 결국 입술을 열어 복음을 전하는 것은 말씀을 아는 지식의 문제가 아니라 믿음의 문제임을 말씀하심이다.

영(성령)을 따르는 자는 영의 일(하나님의 일)을 생각하기 때문에 (롬 8:4) 성령께서 담대하게 복음을 증거하게 하신다. 그러나 육(세상 일)을 따르는 사람은 마음에 알고(믿음이 아님) 있는 복음을 전하다 거절당하고 조롱당하는 것을 생각하고 두려워한다. 그래서 성경(롬 10:10)은 마음에 품고 있는 믿음을 입으로 전하지 않으면 온전한 믿음이 아니므로 "마음에 믿어 의에 이르고 입으로 시인하여 구원에 이른다."라고 말씀하신다. 이는 사람의 마음속에 있는 믿음이 세상에 전해질 때 비로소 그 믿음이 구원 얻은 믿음이 된다는 의미다(약 2:20~26)

만일 당신이 성령의 인도하심에 믿음으로 순종하지 않고 육신대로 살면 당신은 반드시 멸망(지옥)한다. 사람이 하나님의 영(성령)으로 인도함을 받지 못하면 자기 뜻대로 생각하고 말하고 행동하게 되므로 회개에 합당한 열매를 맺지 못하기 때문이다. 그러므로 성령의 인도하심에 믿음으로 순종해서 몸의 악한 행실을 억제하면 회개에 합당한 열매를 맺게 되므로 영원히 살게 된다(롬 8:13).

요 14:26 보혜사 곧 아버지께서 내 이름으로 보내실 성령 그가 너희에게 모든 것을 가르치고 내가 너희에게 말한 모든 것을 생각나게 하리라

롬 8:14 무릇 하나님의 영으로 인도함을 받는 사람은 곧 하나님의 아들이라

속에 계신 성령

사역 활동	사역 상태	성령 받은 결과	사역 도구	사역 방법
요 14:17	행 1:4~5	인침 보증	갈 5:22~23	요 14:26
속에 계심	성령 충만	고후 1:21~22	열매	인도하심

당신 속에 계신 성령은 회개에 열매를 맺도록 인도하신다. 그런데도 교회의 어떤 형제들은 "성령 없이도 신앙생활하는데 아무런 지장이 없다."라고 자랑삼아 말하기도 한다. 이로 말미암아 그들은 교회 안팎의 사역과 삶의 현장에서 하나님 뜻을 살피지 못하므로 자기 뜻대로 생각하고, 말하고, 행하므로 아버지의 마음을 슬프시게 한다. 그러나 그들은 아버지의 그 마음을 모르기 때문에 이것을 너무도 당연하게 생각한다. 그러므로 그들이 하나님을

기쁘시게 한다는 것은 정말로 불가능하다. 그 결과 하나님께 영광을 돌리지 못하고 자기의 의(칭찬, 과시, 자랑)만 드러내게 된다. 그들은 성령께서 가르쳐 주시고 생각나게 하시는 말씀(지식과 지혜의 말씀: 복음)을 보지도 못하고 알지도 못하기 때문에(깨닫지 못함) 열매 맺도록 인도하시는 성령께 반응하지 못한다. 그래서 "성령 없이도 신앙생활하는데 아무런 지장이 없다."라고 말하는 것이다.

세상에 소금(열매)과 빛(증인)으로 인도하시는 성령

소금(열매)은 모든 음식(삶)에 부패를 방지하며 맛을 내는 것(열매를 맺는 것)처럼 예수님께서 당신에게 "세상에 소금이라."라고 하심은 당신의 일상과 사역에서 회개의 열매를 맺어 그 열매가 이웃에게 소금의 역할이 되어야 함을 말씀하심이다. 세상에 소금이 되는 것은 회개에 합당한 열매인 착한 행실(열매)로 이웃에게 예수 사랑을 실천하는 신앙의 생활화이다. 그리고 세상에 빛 되는 것은 복음을 전파하는 예수님 증인의 사역에서 하나님께서 주신 권능(은사)으로 말씀을 확실하게 증거함이다. 이로 말미암아 당신의 이웃이 예수 그리스도를 믿음으로 그들도 당신처럼 죄에서 구원을 얻어 영생의 기쁨과 소망으로 영원한 나라를 꿈꾸며 살맛나게 하라는 말씀이다.

만일 소금이 그 맛을 잃으면 그 무엇으로도 짜게 할 수 없으므로 아무 쓸 데 없어서 밖에 버려진다. 음식에 맛을 내는 소금이 짠맛을 잃었다는 것은 명목상으로는 그리스도인이지만 실상은 성령을 모르거나 거부하거나 무관심하여 성령의 인도하심을 받지 못하므로 사역과 일상에서 회개에 열매가 없다는 의미다. 이는 회개(롬 6:4~11)와 예수 이름으로의 세례(신앙의 결단: 갈 2:19~20, 고후 5:15)를 점검해야 한다.

맛을 잃고 밖에 버려진 소금은 오가는 사람들의 발길에 밟히는 것처럼 명목상의 그리스도인은 세상 사람들에게 손가락질받음은 물론 마지막 심판 날에 쭉정이로 하나님 곡간에 들이지 못하고 바깥 어두운 곳에 버려져 슬피 울며 이를 갈게 될 것(마 7:19, 마 13:42, 마 25:30)을 경고하심이다.

예수님께서 죄인을 사랑해서 죄인을 위해 자기 몸을 버리신 것처럼 당신이 세상에 소금 되는 것은, 회개에 합당한 열매로(착한 행실: 복음) 당신과 일상을 함께 하는 이웃을 바른 길(진리)로 인도해서 그들도 당신처럼 착한 행실(믿음의 행위)로 회개에 합당한 열매를 맺게 하는 것임을 말씀하심이다. 이는 당신이 예수님께서 "이웃을 내 몸처럼 사랑하라."라고 하신 새 계명을 실천하는 것이다.

예수님은 믿는 자들에게 "너희는 세상의 소금이듯 또한 세상의 빛."이라고 하셨다.

> **마 5:14** 너희는 세상의 빛이라 산 위에 있는 동네가 숨겨지지 못할 것이요
>
> **15** 사람이 등불을 켜서 말 아래에 두지 아니하고 등경 위에 두나니 이러므로 집 안 모든 사람에게 비치느니라
>
> **16** 이같이 너희 빛이 사람 앞에 비치게 하여 그들로 너희 착한 행실을 보고 하늘에 계신 너희 아버지께 영광을 돌리게 하라

빛은 높은 곳에서 낮고 어두운 세상을 밝게 비춘다. 당신이 그리스도 예수를 믿는 자로서 사람들에게 비추는 빛이 되는 것은 모든 사람을 하나님과 화목하게 하는 직책이다. 이는 하나님께서 믿는 당신에게 증인의 사명을 주셨기 때문이다.

낮고 어두움(죄악의 삶)에서 길을 잃고 방황하는 사람들은 높은 곳에서 비추는 빛을 의지하여 바른길(회개)로 찾아간다. 망망대해를 항해하는 배는 높은 망대 위에 있는 등대(성령)의 작은 불빛(믿음의 행실)을 의지해서 길(방향)을 잡는다. 이 빛(예수 그리스도: 진리

의 말씀)이 낮고 어두움(세상: 죄)을 밝게 비추는 것은 죄악으로 어두운 세상에 물든 사람들이 당신이 전하는 생명의 말씀을 듣고 회개하여 하나님께 돌아오도록 영향을 끼치는 것이다.

당신에게서 발하는 그 빛은 어두운 세상을 밝히는 등불과도 같다. 성령 그는 당신이 속한 이웃(가정, 직장 교회, 사회 등)에게 어두움을 밝게 비추는 빛이 되게 하시기 때문이다. 이 빛은 달과 별이 태양의 빛을 반사하여 빛을 발하듯(반사) 성령께서 당신에게 빛을 발하도록 인도하시고 당신은 성령께 믿음으로 순종하므로 그 빛을 발하게 된다. 당신과 함께 거하시는 성령께서 낮고 어두운 이 세상을 밝게 비추는 빛이 되도록 당신과 함께하시기 때문이다.

예수님은 산상수훈에서 하나님 나라를 유업으로 받을 후사(상속자, 마 5:12)들에게 "너희는 세상(이웃)에 빛(성령 세례)과 소금(성령 충만)."이라고 말씀하셨다. 이는 교회 밖(이웃)의 일상과 사역에서 빛과 소금이 되어 회개에 합당한 열매와 복음의 증인이 되는 것을 말씀하심이다. 이것이 하나님께 영광이 되기 때문이다. 이는 당신이 이웃에게 있으나 마나 존재가 아니라 없어서는 안 되는 꼭 필요한 존재임을 의미한다. 그러므로 당신이 회개한 자로서 그에 합당한 열매를 맺음으로 썩어져 가는 세상(부패하고 타락한 세상)에 맛을 내는 소금이 되고 낮고 어두운 세상(가난하고 죄악된 세상)을 밝게 비추는 빛이 되는 것은 성령을 받음(성령 충만과 성령 세례)으로만 된다.

하나님 뜻과 불법

예수님은 성경(마 7:13) 이하에서 마지막 때 사람들이 들어가게 될 멸망(지옥)의 문과 생명(천국)의 문을 다음과 같이 비유로 말씀하셨다. 멸망으로 들어가는 문은 크고 그 길이 넓어서 그리로 들어가는 사람이 많고 생명으로 가는 문은 좁고 그 길이 협착하여 찾는 사람이 적다고 하셨다.

> **마 7:13** 좁은 문으로 들어가라 멸망으로 인도하는 문은 크고 그 길이 넓
>
> 어 그리로 들어가는 자가 많고
>
> **14** 생명으로 인도하는 문은 좁고 길이 협착하여 찾는 자가 적음이라

교활한 이리가 양을 노략질하기 위해 양 무리 속에 섞여 숨어 있는 것처럼 순수한 성도들을 멸망의 길로 몰고 가는 거짓 교사들은 교회 공동체 속에서 다양한 방법으로 인간관계를 맺고 있다. 그들(가라지, 쭉정이)은 외형상으로 교회 공동체에서 율법과 도덕적으로 어느 정도 인정받고 있으며, 또 성경과 세상 지식과 교양과 소양도 어느 정도 갖추고 있다. 그들은 공동체 안에서 보편적으로 악하거나 무지하지도 않고, 때로는 다수에게 인정을 베풀며 원만한 인간관계를 유지하므로 공동체 구성원들로부터 긍정적인 호감을 받기도 한다. 이로 말미암아 일부 공동체 구성원들은

그들을 신뢰하며 끈끈한 인간관계를 유지하기도 한다.

그러나 그들은 말씀의 진리를 교묘하게 왜곡하고 이용하여 교회 공동체 일부 형제들을 충동하여 불평과 불만을 토로하게 하므로 그들 자신도 모르는 사이 신앙이 서서히 병들어 가게 한다. 그뿐 아니라 하나님 말씀을 빙자하여 세상이 추구하고 자랑하는 복(권세, 출세, 물질, 지식, 명예 등)과 형식과 방편과 수단과 목적을 주장하고 선동하며, 심지어 자기가 추종하는 가치관이나 사상과 신념과 철학 등을 신앙으로 포장해서 공동체 구성원들을 미혹(세뇌)하여 세상 시류에 휩쓸리게 한다.

특히 그들은 자기의 주장을 증명하기 위해서 말씀을 이용하고, 특정한 대상을 은근히 정죄하고, 비난하며, 결정적인 순간에는 본심을 드러내고 하나님 말씀을 빙자해서 저항하다 결국에는 무리를 지어 공동체에서 분리하게 한다. 흘러가는 시냇물에 낙엽이 떠내려가듯이 그들은 이미 하나님 진리의 말씀에서 벗어나 시대의 조류에 휩쓸려 떠내려가는 사람들이다. 그들은 자신이 말씀에서 벗어나 잘못된 신앙으로 치우쳐 있음을 깨닫지 못하기 때문에 원수 마귀의 종(미혹 당함)이 된 사실도 모르는 채 살아간다.

그들은 누구나 들어갈 수 있는 큰 문을 향하여 많은 형제를 넓고 평평한 길로 몰고 간다. 사람들은 그 길이 쉽고 편리하다고 좋아하고 칭찬하며 그를 따라간다. 그 길은 넓고 편리하며 큰 문으로 가는 길이기 때문이다. 그러나 그 길로 인도하는 자는 거짓 교사들이다. 그들은 양을 잡아먹으려는 교활한 이리처럼 순진한 성도들을 멸망의 큰문으로 몰아넣으려고 넓은 길로 가도록 충동하며 유혹하고 미혹시킨다.

좋은 나무마다 좋은 열매를 맺고 나쁜 나무는 나쁜 열매를 맺는 것처럼 그들의 특징은 좋은 열매가 없다. 그들의 말과 행동(삶)은 서로 다르기 때문이다. 그들은 좋은 나무처럼 입으로는 꿀 송이처럼 달콤한 말(하나님 말씀을 빙자함)을 하지만 그들의 일상적인 삶의 모습은 나쁜 나무처럼 나쁜 열매를 맺는다. 그러므로 거짓 교사는 열매로 알 수 있다(마 7:13~20). 그들은 이중적이고 형식적이기 때문에 회개에 합당한 열매를 맺지 못한다. 이처럼 주님의 이름을 빙자하여 불법으로 하는 것에 대하여 성경은 다음과 같이 말씀하신다.

마 7:21 나더러 주여 주여 하는 자마다 다 천국에 들어갈 것이 아니요 다만 하늘에 계신 내 아버지의 뜻대로 행하는 자라야 들어가리라

22 그날에 많은 사람이 나더러 이르되 주여 주여 우리가 주의 이름으로 선지자 노릇 하며 주의 이름으로 귀신을 쫓아내며 주의 이름으로 많은 권능을 행하지 아니하였나이까 하리니

23 그 때에 내가 그들에게 밝히 말하되 내가 너희를 도무지 알지 못하니 불법을 행하는 자들아 내게서 떠나가라 하리라

위 본문(마 7:21~23)에서 예수님은 하나님 뜻을 행하는 것에 대하여 다음과 같이 비유로 말씀하셨다.

그날 즉 마지막 날에 많은 사람이 천국에 들어가려고 천국 문 앞에 모여 웅성거리고 있었다. 그러나 예수님께서는 그들에게 "나더러 주여! 주여! 하는 자마다 다 천국에 다 들어갈 것이 아니라 다만 하늘에 계신 내 아버지의 뜻대로 행하는 자(회개에 합당한 열매를 맺는 자)가 들어갈 수 있다."라고 하셨다. 그러자 그들 중 많은 사람이 주님을 향해 일제히 주여! 주여! 하고 외치며 "우리가 주의 이름으로 선지자 노릇하며 귀신을 쫓아내며 많은 권능 행한 것을 주님도 아시지 않습니까?"라고 하며 자기들은 천국에 들어갈 자격이 있다고 주장했다.

그들은 자기가 주의 이름으로 많은 권능을 행했기 때문에 천국에 갈 수 있다고 믿고 있었다. 그러나 예수님은 그들에게 "내가 확실하게 말하는데 너희가 행한 일을 내가 전혀 인정할 수 없으니 불법으로 하는 자들아 내게서 떠나가라 할 것이다."라고 하셨다. 이것이 마지막 때 천국 문 앞에서 있을 현상이다. 이는 사람이 하나님의 일(영혼 구원)을 할 때 비록 주의 이름으로 권능(표적)이 나타날지라도 하나님 뜻대로(성령의 열매로) 하지 않고 마치 자기 능력으로 행한 것처럼 과시하고 자랑하며 하나님께 영광 돌리지 않고 사람들에게 자기가 칭송받으려는 교만함을 경계하심이다.

불법으로 하는 것은 성령의 인도하심에 믿음으로 순종하지 않고 자기 뜻(의지, 유익, 감정, 명예, 능력, 과시 등)대로 사역하는 것을 말씀하심이다. 이는 하나님께서 모세에게 "백성 앞에서 반석에 명하여 물을 내라."라고 하였다. 그러나 그는 하나님께서 말씀하신 대로 하지 않고 백성 앞에서 "지팡이로 반석을 쳐 물을 내고."는 마치 자기 능력으로 물을 낸 것처럼 과시했다. 이는 하나님께 영광을 돌리지 않은 것이나 다름이 없다(민 20:7~12). 모세는 이 일로 인하여 약속의 땅에 들어가지 못했다.

하나님의 일을 불법으로 하는 것은 집의 기초를 반석 위에 세우지 않고 모래 위에 세우는 것처럼 어리석은 일이다. 모래 위에 세운 집은 태풍이 불고 홍수가 나면 무너지고 떠내려가는 것처럼 하나님 뜻대로 행하지 않는 신앙생활(열매 맺지 않은 복음 사역과 삶)은 마지막 심판 날에 불타 없어져 멸망으로 가는 지름길로서 큰문으로 가는 넓은 길이다(마 7:24~27).

하나님 뜻대로 행하는 것은 복음 사역과 일상생활을 성령의 인도하심에 믿음으로 순종해서 회개에 합당한 열매 맺음을 의미한다. 그러나 불법으로 하는 것은 자기 뜻대로 하는 것(사역과 일상)으로 성령의 열매(갈 5:22~23)가 없음을 의미한다.

제10장
성령의 활동과 인도하심(이중 사역)

믿지 않는 세상 사람들은 성령의 역사하심을 보지도 못하고 알지도 못하기 때문에 그를 받지 못한다. 그러나 믿는 사람은 그를 알기 때문에 그는 그들과 함께 거(사역 활동: 외주하심)하시고, 또 그들 속(열매로 인도하심: 내주하심)에 계신다.

> **요 14:17** 그는 진리의 영이라 세상은 능히 그를 받지 못하나니 이는 그를 보지도 못하고 알지도 못함이라 그러나 너희는 그를 아나니 그는 너희와 함께 거하심이요 또 너희 속에 계시겠음이라

함께 거하심(외주하심: 사역 활동)

성령께서 당신과 함께 거하심(활동하심: 외주하심)은 당신이 복음

을 전할 때 주께서 권능(행 1:8)으로 함께하시며 성령의 나타남의 은사(고전 12:8~10)로 표적을 나타내주셔서 당신이 전한 말씀을 확실하게 증거(막 16:15~20)하심이다.

막 16:20 제자들이 나가 두루 전파할새 주께서 함께 역사하사 그 따르는 표적으로 말씀을 확실히 증언하시니라

함께 거(활동)하시는 성령

사역활동	성령 받은 증거	성령 받은 결과	사역 도구	사역 방법
요 14:17	행 1:4~5	행 1:8	고전 12:8~10	막 16:16~18
거하심	성령 세례	증인의 권능	은사(권능)	표적

예수님께서는 제자들에게 "오직 성령이 너희에게 임하시면 너희가 권능(행 1:8, 고전 12:8~10)을 받고 나아가 복음을 전할 때 그들이 복음(예수 그리스도의 대속과 부활)을 듣고 믿어 내 이름으로 세례를 받으면(신앙 결단) 그들도 너희처럼 죄 사함을 얻고 구원을 얻는다. 그러나 믿지 않으면 정죄(심판) 받을 것이다." 하시면서 "믿는 자들에게는 내 이름으로 귀신을 쫓아내며 새 방언을 말하며 뱀을 집어 올리며 무슨 독을 마실지라도 해를 받지 않으며 병든 사람에게 손을 얹으면 고침을 받는 표적(능력, 행함, 방언, 말함, 병 고침)이 따를 것(나타나게 됨)이다."라고 하셨다. 예수님은 이 말씀을 마치신

후에 오백여 제자들이 보는 앞에서 하늘로 올려지셨다(막 16:15~19).

제자들은 예수님의 이 말씀에 순종해서 오순절 날 성령으로 세 례받음으로 권능을 받고 나가 복음을 전파했는데 그때마다 주께 서 함께 역사하셔서 그 따르는 표적(권능)으로 제자들이 전하는 말씀을 확실하게 증거해 주셨다(막 16:20). 그러므로 당신이 복음 을 전할 때 당신의 능력으로 표적을 행하는 것처럼 교만하지 말고 때를 얻든지 못 얻든지 진리의 말씀을 전하기만 하면 된다. 당신 이 복음 전할 때 표적을 나타내서 믿게 하시고 구원하시는 일은 주께서 하시는 일이기 때문이다. 이는 성령을 받을 때 예수 증인 의 권능(행 1:8)을 주셨기 때문이다.

속(내주하심: 심령 양심)에 계심

사람의 마음속(심령: 양심)에 계신 성령은 진리인 하나님 말씀으 로 인도해서(가르치고, 생각나게) 회개에 합당한 열매를 맺어 하나님 아버지께 영광 돌리게 하신다. 사람 속에 계신 성령은 그 사람을 어떻게 인도하시는지 성경을 통해 살펴보자.

첫째, 진리인 말씀으로 인도하심

성령은 각 사람 속에 계시면서 진리(말씀) 가운데로 인도하신다. 성령, 그분은 하나님의 영 예수의 영, 진리(말씀)의 영이시므로(요 14:17) 언제나 임의로 말하지 않고 오직 하나님 장래의 일(그리스도 예수의 대속과 부활) 즉 구원과 영생의 나라에 대해서 하나님 진리의 말씀으로 예수님만 증거하신다.

> **요 16:13** 그러나 진리의 성령이 오시면 그가 너희를 모든 진리 가운데로 인도하시리니 그가 스스로 말하지 않고 오직 들은 것을 말하며 장래 일을 너희에게 알리시리라
>
> **14** 그가 내 영광을 나타내리니 내 것을 가지고 너희에게 알리시겠음이라
>
> **15** 무릇 아버지께 있는 것은 다 내 것이라 그러므로 내가 말하기를 그가 내 것을 가지고 너희에게 알리시리라 하였노라

성령께서는 구원 얻은 하나님 자녀들을 아버지께서 아들 예수님께 주신 모든 것으로 가르치시고 또 주께서 말한 모든 것이 생각나게 하신다(요 14:26, 요 16:13~15). 그러므로 성령 그분께서 하나님 진리의 말씀으로 인도하실 때 당신은 그가 마음껏(주권적) 활동하시도록 배려하고(믿고) 적극적으로 협력해야(순종) 한다. 그분은

섬세하시고 신사적이어서 당신 마음에 상처를 주지 않을 뿐 아니라 당신을 유혹하거나 충동하거나 강요하지 않으시며 당신과 충돌하여 다투시지도 않으신다. 그분은 언제나 당신 편이므로 당신을 존중하시고, 위로하시며, 권면하시고 때로는 당신을 위해 간절히 기도하신다. 그러나 당신이 그를 억제하면 그는 당신에게서 조용히 물러서 계신다. 그분은 예수님을 대신해서 당신과 영원히 함께 있으면서 당신을 도와주시는 또 다른 보혜사이시다.

성령께서는 당신이 환란과 고난 중에 있을 때 하나님 약속의 말씀으로 극복하게 하시고 위급한 일을 당하여 우왕좌왕할 때는 안전한 은신처로 숨겨주신다. 그리고 사악한 세력이 찾지 못하도록 손으로 덮어서 보호해 주신다. 그는 당신이 가는 길에 사악한 세력이 올무를 놓았을 때 그 올무에 걸리지 않도록 피할 길로 인도하신다. 성령 그는 당신을 멸망케 하려고 공격하는 행악자들로부터 위협을 막아주시는 방패시다. 성령, 그분은 당신의 고난과 슬픔에 언제나 함께하시며 도우시는 분이기 때문이다(시 119:105~114). 그리고 당신이 감사로 예배하며 간구의 기도를 드릴 때 하나님께서 들으시고 그의 공의를 당신에게 나타내게 하신다(응답)

이렇게 하나님 말씀으로 인도하시는 성령의 도우심을 체험한 당신은 기쁨으로 주의 율례를 지켜 행하게 된다(믿음). 이는 당신이 주의 법(성령이 인도하시는 말씀)을 사랑하기 때문이다. 그래서 두 마음을 품은 자들을 미워하고 늘 성령을 사모하며 생각하게 된다. 이로 말미암아 당신은 그가 인도하실 때 즉시 알게 되고 믿음으로 순종할 수 있게 된다. 이에 대하여 성경은 다음과 같이 말씀하신다.

성령께서 당신을 인도하시는 하나님 말씀은 당신 발등의 등불이며 당신이 가는 길을 비추는 빛이다. 당신이 손에 들고 있는 등불(진리의 말씀)은 당신의 발등 위에 있고 그 등불은 당신이 한 걸음 한 걸음 앞으로 나갈 때마다 당신이 가는 길을 비춰주는 빛(성령의 인도하심)이다. 당신의 발등을 비추는 그 작은 등불은 먼 곳까지 비추지는 못하지만 당신이 한 걸음씩 앞으로 나아가는 그 길을 비추는 데는 전혀 문제가 없다. 이는 성령께서 당신이 하나님을 향하여 한 걸음씩 앞으로 나가도록 그의 말씀으로 이끌어 가신다는(가르치고, 생각나게 하심) 의미다. 그러므로 성령께서 말씀으로 인도하실 때 믿음으로 순종하면 그가 뜻하신 목적지까지 무사히 도달할 수 있게 된다. 그러나 손에서 그 등불을 놓는 순간 당신이 가는 길을 비추던 그 빛은 순식간에 사라지고 당신 주변은 온통 칠흑같이 캄캄한 어두움에 묻히고 당신은 한 발자국도 앞으로 나갈 수 없게 된다.

성령께서 당신에게 가르쳐 주시고 생각나게 하실 때 그것이 성령의 인도하심인 것을 어떻게 알 수 있을까?

> **요 14:27** 평안을 너희에게 끼치노니 곧 나의 평안을 너희에게 주노라 내
> 가 너희에게 주는 것은 세상이 주는 것과 같지 아니하니라 너희는 마음
> 에 근심하지도 말고 두려워하지

어버이가 어린 자녀에게 무엇을 가르쳐 줄 때는 그가 듣고 이해할 수 있는 수준으로 가르쳐 주는 것처럼 성령께서 당신에게 가르쳐 주시고 생각나게 하실 때는 당신이 이해할 수 있는 수준으로 하신다(인도하심). 성령께서 당신을 인도하실 때 그것이 하나님 말씀이며 성령의 인도심이라는 증거는 주께서 주시는 평안이다. 이 평안은 세상이 주는 것과 다름으로 마음에 근심하지도 말고 두려워하지 말아야 한다. 세상이 주는 평안은 조건적이며 잠시 잠깐뿐이지만 주께서 주시는 평안은 환경과 상황에 구속받지 않고 절대적이며 영원하기 때문이다.

성경(롬 8:14)에서는 "하나님의 영으로 인도함을 받는 그가 곧 하나님 자녀."라고 하셨다. 그러므로 성령을 받은 사람은 성령의 인도하심인지 아닌지를 알 수 있다. 당신을 인도하시는 성령은 영원히 솟아나는 샘물과 같은 하나님 진리의 말씀으로 당신의 내면에

서 가르치시고 생각나게 해서 당신의 일상에서 회개에 합당한 열매가 맺혀지게 하신다. 그리고 당신과 함께 활동(거하심)하시는 성령은 흘러넘치는 생수의 강물과 같은 하나님의 권능이 당신에게서 흘러나와 이웃(삶에 지친 목마른 자들)에게 흘러들어 가게 해서 그들에게 평안과 안식(구원과 영생)을 준다. 이는 당신의 사역에 주께서 함께하셔서 그들에게 성령의 권능을 표적으로 나타내주심으로 당신이 전한 복음을 그들에게 확실하게 증명하심이다. 그러나 원수 마귀는 마치 뒤에서 당신의 귀에 대고 속살거리듯 지껄이며 유혹한다.

둘째, 가르쳐 주시고 생각나게 하심

성령께서 가르쳐 주시고 생각나게 하시는 것(인도하심)은 하나님께서 비밀리에 계획하시고 예정하신 장래의 일 즉 구원과 영생에 관한 일과 주께서 말씀하신 모든 것들에 관한 것이다. 아버지께서는 그의 것을 다 그 아들 예수님께 주셨다(요 5:22). 그래서 예수님은 아버지의 것(말씀)으로 아버지의 일(구원과 영생의 일)을 하셨으며 성령께서는 이것 즉 아버지께서 아들 예수님께 주신 모든 것으로 예수님을 증거하신다(요 16: 13~15). 이에 대해 성경은 다음과 같이 말씀하신다.

요 16:13 그러나 진리의 성령이 오시면 그가 너희를 모든 진리 가운데로

인도하시리니 그가 스스로 말하지 않고 오직 들은 것을 말하며 장래 일

을 너희에게 알리시리라

14 그가 내 영광을 나타내리니 내 것을 가지고 너희에게 알리시겠음

이라

15 무릇 아버지께 있는 것은 다 내 것이라 그러므로 내가 말하기를 그

가 내 것을 가지고 너희에게 알리시리라 하였노라

만일 누구든지 성령 그분의 역사하심(인도하심)을 보지 못하고 알지 못하면 그는 성령의 인도하심(가르침과 생각나게 하심)을 받을 수 없다(요 14:17). 그러나 믿는 사람은 성령을 알기 때문에 성령께서는 그들과 함께 거(활동)하시며 복음 사역에 권능을 나타내주셔서(표적) 말씀을 확실하게 증명해 주시다. 그리고 그들 마음속에 계시면서 하나님 진리의 말씀으로 인도하셔서(가르쳐주고, 생각나게 하심) 사역과 일상에서 회개에 열매를 맺게 하신다. 그러므로 성령께서 당신을 인도하실 때(가르치고 생각나게, 요 14:26) 내 생각이라고 무시하지 말고 믿음으로 순종해야 한다. 왜냐하면 이는 당신의 생각이 아니고 하나님께서 주시는 지식과 지혜의 말씀이기 때문이다.

사람들이 교회 공동체에 속해 있으면서도 왜 성령의 인도하심(가르치시고, 생각나게 하심)을 보지도 못하고 알지도 못하는 것일

까? 이는 그의 눈과 귀에는 오직 세상 것만 보이고 세상 말만 들려오기 때문이다. 이는 그의 마음(생각)이 세상 것들로 가득 차 있어서 하나님 말씀이 보이지 않고 들리지도 않고 생각나지도 않기 때문이다. 어떤 사람에게는 환란이 닥치면 세상 욕심을 잠시 잊고 의지할 곳을 찾게 되므로 그때가 하나님을 만나는 기회가 되기도 한다(시 50:14~15). 그러므로 사람이 성령의 인도하심을 깨달으려면 그의 영이 하나님(말씀)께 관심을 집중해야 한다. 그래야 성령께서 인도하실 때 마음의 생각과 눈과 귀(영: 심령 양심)를 열고 하나님 말씀을 깨달을 수 있기 때문이다.

성령께서는 사람에게 믿음을 강요하거나 강제로 억압하거나 영향력을 행사하시지 않고 위로 하시고 힘주시며 조용히 권면하신다. 믿음은 하나님께서 사람에게 주신 하나님의 일에 대하여 믿고 소망하는 것이 실제 현실로 이루어지는 것이기 때문이다. 그래서 주님은 사람의 마음 문밖에 서서 두드리시며 안(마음)에서 문(마음)을 열어주기를 기다리신다(계 3:20).

하나님께서는 사람에게 그의 일에 대한 소원을 마음에 품게 하시고 하나님의 모든 것과 주께서 말한 모든 것으로 가르치시고 생각나게 하시는 성령께 순종해서 그 일을 이루게 하신다(잠 16:9, 빌 2:12~13). 그러므로 사람이 수십 년 동안 교회에 출석하면서도 성령을 보지도 못하고 알지도 못하는 것은 하나님 마음(구원과 영생 유업)보다는 자신(세상 것들)에게 더 집중하고 있기 때문이며 그 결과 성령 주심에 대한 약속의 말씀을 모르거나 알아도 관심이 없어 믿지 않기 때문이다.

셋째, 하나님의 속사정을 알게 하심

어떤 사람이 마음속에 계획하고 있는 일을 그 사람의 속에 있는 그의 영(속마음: 심령 양심) 외에 누가 알겠는가? 이처럼 하나님의 영이신 성령께서는 하나님의 속사정을 다 아신다. 그래서 당신에게 하나님의 모든 것을 가르치고 또 주께서 말한 모든 것을 생각나게 하시는 성령께서는 당신을 하나님이 기뻐하시는 뜻대로 인도하실 수 있는 것이다.

고전 2:10 오직 하나님이 성령으로 이것을 우리에게 보이셨으니 성령은 모든 것 곧 하나님의 깊은 것까지도 통달하시느니라

11 사람의 일을 사람의 속에 있는 영 외에 누가 알리요 이와 같이 하나님의 일도 하나님의 영 외에는 아무도 알지 못하느니라

12 우리가 세상의 영을 받지 아니하고 오직 하나님으로부터 온 영을 받았으니 이는 우리로 하여금 하나님께서 우리에게 은혜로 주신 것들을 알게 하려 하심이라

당신은 많은 경우 하나님의 뜻을 몰라서 답답할 때가 있을 것이

다. 그러나 성령, 그분은 하나님의 깊은 속사정을 다 아시기 때문에 하나님께서 창세 전에 미리 계획하시고 작정하신 구원과 영생의 비밀 한 계획을 당신에게 미리 보여 알게 하신다. 이는 당신이 세상이 무서워하는 종의 영을 받지 않고 하나님의 속사정을 잘 아시는 하나님의 영(성령)을 받았기 때문에 하나님께서 당신에게 성령을 선물로 주신 것을 알게 하려는 것이다. 그러므로 영적인 것과 세상적인 것을 분별하는 지혜와 지식은 당신 속에 계신 성령께서 당신에게 가르쳐 주신 말씀으로만 할 수 있다. 영적인 것들은 영으로만 분별할 수 있기 때문이다.

구원 얻은 사람은 성령께서 인도하실 때 하나님의 뜻을 알고 이해하므로 믿음으로 순종할 수 있다. 이는 그의 안에 계신 성령께서 하나님의 속사정을 알게 하시고 또 이해하도록 도우시기 때문이다. 그러나 육(본성)에 속한 사람은 성령의 일을 받아들이지 못하기 때문에 그들에게는 이런 것들이 어리석게 여겨질 뿐 아니라 알 수도 없다. 그래서 믿지 않는 세상 사람들은 하나님의 뜻을 전혀 이해하지 못하므로 당황하며 헛되이 우상을 섬기며 애를 쓴다. 이는 그에게 성령이 계시지 않으므로 하나님 아버지 뜻을 모르기 때문이다.

하나님께서 당신에게 은혜로 주신 모든 것들을 알고 믿게 하시는 이는 성령이시다. 그뿐 아니라 당신이 위급한 일을 당하여 어떻게 해야 할지 몰라 당황하고 있을 때 성령 그가 당신의 연약함을 도우시기 위하여 말할 수 없는 탄식으로 친히 간구해 주신다. 사람의 마음을 살펴 아시는 하나님께서는 성령께서 당신을 위하여 그 뜻대로 간구하심을 아시고 응답해 주신다(롬 8:26~28). 성령께서는 이처럼 당신이 하나님의 뜻을 몰라 고민하며 갈등할 때 하나님의 뜻(속사정)을 알게 하신다.

성령은 예수님 다시 오시는 그날까지 예수님을 대신해서 또 다른 보혜사로 당신과 영원토록 함께 계신다. 그는 당신 안에서 모든 것을 가르쳐 주시고 주께서 말한 모든 것을 생각나게 해서(인도하심, 요 14:26) 회개에 합당한 열매를 맺도록 인도하신다. 그리고 당신의 복음 사역에 예수 증인의 권능인 성령의 나타남의 은사(거하심, 고전 12:8~10)로 표적을 나타내서 당신이 전한 복음을 확실하게 증명하신다.

제11장
악한 영의 궤계

악한 영의 존재

롬 8:8 육신에 있는 자들은 하나님을 기쁘시게 할 수 없느니라

9 만일 너희 속에 하나님의 영이 거하시면 너희가 육신에 있지 아니하고 영에 있나니 누구든지 그리스도의 영이 없으면 그리스도의 사람이 아니라

악한 영은 사탄 마귀 귀신들이다. 그들은 사람의 마음을 유혹해서 육신의 일을 생각하게 하고 육신을 따르게 하여 죄로 멸망하게 한다. 이로 말미암아 하나님의 법에 복종하지 않고 할 수도 없으므로 하나님을 기쁘시게 할 수 없다. 그래서 하나님과 원수 되게 한다. 그들은 율법의 죄를 핑계로 사람을 죄의 노예를 삼아 영원한 멸망의 심판을 받게 하는 두렵고 무서운 존재들이다(롬 8:15). 그들은 눈에 보이지 않는 존재들로서 이 세상의 악한 세력(마귀)을

통치하고 권세로 지배하는 하늘의 타락한 천사들(사단)이며 또 공중권세를 잡고 이 세상 어두움(악)을 주관하는 마귀들과 그 졸개인 귀신들이다.

첫째, 하늘에 있는 정사들과 권세들

엡 3:10 이는 이제 교회로 말미암아 하늘에 있는 통치자들과 권세들에게 하나님의 각종 지혜를 알게 하려 하심이니

하늘의 처소에 있는 악한 영(사단)은 정사(통치)와 권세(영향력)로 그의 졸개들(악한 영들)을 다스리는 타락한 천사인 사단이다. 그들은 하나님의 일을 방해하기 위해 마귀들을 다스리고 영향력을 행사하여 사람을 유혹해서 죄로 타락하게 하며 율법으로 고발하고 정죄하는 존재들이다. 그러나 하나님께서는 예수 그리스도의 십자가 보혈로 그들의 통치와 권세를 단숨에 꺾어버리시고 만천하에 웃음거리로 삼으셨다(골 2:14~15).

둘째, 공중권세 잡은 이 세상 임금

요 12:31 이제 이 세상에 대한 심판이 이르렀으니 이 세상의 임금이 쫓겨나리라

32 내가 땅에서 들리면 모든 사람을 내게로 이끌겠노라 하시니

고후 4:4 그중에 이 세상의 신이 믿지 아니하는 자들의 마음을 혼미하게

하여 그리스도의 영광의 복음의 광채가 비치지 못하게 함이니 그리스

도는 하나님의 형상이니라

이 세상 임금은 공중권세 잡은 악한 영으로서 이 세상의 악한 세력을 주관하는 마귀(또는 귀신)들이다. 그들은 사람을 미혹시킴으로(고후 4:4) 구원과 영생의 복음을 거부하게 해서 죄와 여러 가지 중독(게으름, 각종 약물, 질병, 알코올, 나쁜 습관 등)과 고정관념 등으로 인하여 타락하게 하고, 삶을 황폐하게 하여 세상을 어두움의 나락으로 빠지게 하는 존재들이다. 그러나 그들은 주님께 이미 심판받았으므로 주께서 심판 주로 오실 때 쫓겨나게 될 존재들이다(요 12:31~32).

셋째, 도적(거짓 선지자: 교사) 또는 귀신들

요 10:10 도둑이 오는 것은 도둑질하고 죽이고 멸망시키려는 것뿐이요

내가 온 것은 양으로 생명을 얻게 하고 더 풍성히 얻게 하려는 것이라

도적은 악한 영에 사로잡혀 그 영향력 아래 있는 자들이다. 도적은 사람을 유혹하여 죄를 짓고 심판받게 해서 영원한 지옥 멸

망에 빠지게 한다. 그들은 육체로 오신 예수님을 인정하지 않는 거짓 선지자들이다. 그러므로 어떤 사람이 하나님을 말한다고 해서 "그 영을 다 믿지 말고 하나님께 속하였나를 시험해 보아야 한다. 왜냐하면 사람을 미혹시키는 거짓 선지자가 이미 세상에 많이 생겨났기 때문이다(요일 4:1).

성경은 사람을 황폐하게 하는 멸망의 가증스러운 것이 거룩한 곳에 선 것을 보거든 마지막 때가 가까워진 것을 깨달으라 하셨다(마 24:15). 이는 우상을 하나님이라 섬기는 행위를 말씀하심이다. 모세가 하나님께 십계명을 받을 때 호렙산에서 더디 돌아오자 이스라엘 백성은 아론을 부추겨 애굽을 나올 때 받아온 금을 모아 금송아지를 부어 만들고 "이것이 우리를 애굽에서 건져낸 하나님."이라며 그 앞에서 먹고, 마시고, 춤추고, 노래하며 질탕하게 뛰어노는 것을 상상하게 한다.

도적은 마치 자기가 목자인 것처럼 속이고 거짓말을 한다. 도적은 자기 유익만 추구하는 삯꾼이기 때문이다. 삯꾼은 목자가 아니므로 양도 제 양이 아니므로 고난이 오는 것을 알면 양들을 버리고 달아난다. 거짓 교사는 교회 공동체를 생각하지 않고 오직 자기 자신의 유익만(명예, 물질, 기득권, 인기, 자존심 등) 챙기기 때문이다. 도적은 오직 거짓의 앞잡이일 뿐이다.

악한 영의 궤계와 그 역사

롬 8:5 육신을 따르는 자는 육신의 일을 영을 따르는 자는 영의 일을 생

각하나니

6 육신의 생각은 사망이요 영의 생각은 생명과 평안이니라

하나님께서는 그 아들 예수 그리스도를 죄 많은 육신의 모양으로 세상에 보내시고 세상 모든 사람의 모든 죄를 대신해서 십자가 형벌을 대신 받게 하심으로, 이를 믿는 자마다 죄를 사하시고 성령께 믿음으로 순종해서 율법을 이루게 하셨다. 그래서 율법으로 육신을 따르는 자들은 육신의 일을 생각하지만 성령을 따르는 자들은 영의 일(하나님의 일)들을 생각한다. 육신의 생각은 결국 사망에 이르지만 그러나 영의 생각은 영원한 생명과 평안(안식)이다. 마귀는 이처럼 육신의 욕망을 따르게 해서 하나님과 원수 되게 한다.

사람이 육신의 일을 생각하고 근심 걱정하며 염려하는 것은 하나님을 의지하지 않기 때문이다. 사람이 무엇을 근심 걱정하며 염려한다고 해서 그 문제가 해결된다면 정말로 하나님은 필요 없게 된다. 그러나 성경은 일의 결과가 어떠하든지 "다 주께 맡기라."고 말씀하신다. 사람이 늘 근심 걱정으로 염려하는 것은 그가 하나님을 떠나 홀로 배회하는 것이다. 이는 하나님을 떠나 홀로 있

게 하는 마귀의 계략에 속고 있기 때문이다. 이때 대적 마귀는 그를 삼키려고 호시탐탐 기회를 엿보고 있다. 그러므로 정신을 차리고 깨어 있어야 한다(벧전 5:8).

대적 마귀는 사람을 어떻게 황폐화하고 멸망시키려 할까? 성경을 통해서 그 사례를 몇 가지 살펴보자.

첫째, 예수님을 시험한 마귀

1) 마귀는 밤낮으로 사십일을 금식하신 예수님께 "네가 하나님 아들이 사실이라면 이 돌들을 명하여 떡 덩이가 되게 하라."라고 했다. 예수님께서는 성경에 기록된 말씀을 인용해서 "사람이 빵으로만 살 것이 아니라 하나님의 입에서 나오는 모든 말씀으로 살 것."이라고 하셨다(마 4:3~4). 마귀가 예수님을 시험할 때 성령께서 예수님과 함께하셨다.

사탄이 예수님을 시험했을 때처럼 마귀는 사람의 가장 연약한 부분과 육신의 꼭 필요한 욕구로 시험한다. 그러나 당신이 마귀의 시험받을 때 예수님처럼 성령께 의지해야 한다. 그가 당신에게 마귀의 시험을 이기는 지혜와 지식의 말씀으로 가르쳐 주시고 생각나게 하실 것이기 때문이다.

2) 사탄은 예수님을 성전 꼭대기로 데려가서 "네가 하나님 아들이면 뛰어내려 봐라. 하나님이 너를 돌에 부딪히지 않게 하실 것이다."라고 했다. 이에 예수님은 "너는 주 네 하나님을 시험하지 말라."라고 말씀으로 사탄의 시험을 물리치셨다(마 4:5~7).

사탄은 하나님 말씀을 의심하도록 시험한다. 이때 사람이 교만하면 사탄의 충동질에 말려 시험에 빠지게 된다. 그러므로 자존심을 충동질하고 존재감을 드러내게 하려는 시험이 있을 때는 겸손함으로 하나님이 기뻐하실지를 먼저 생각해야 한다.

3) 사탄은 예수님을 지극히 높은 산으로 데리고 가서 천하만국과 그 영광을 보여주면서 "만일 내게 엎드려 경배하면 이 모든 것을 네게 주겠다."라고 했다. 예수님께서는 "사탄아 너는 여기서 물러가라." 하시며 "너는 주 네 하나님께 경배하고 오직 그분만을 섬기라."라고 하셨다. 그러자 마귀는 떠나갔다(마 4:8~11).

우리는 자신도 모르는 사이 눈앞에 있는 세상의 영광을 위하여 우상을 의지하게 하는 사탄의 시험에 빠지기 쉽다. 그러나 우상은 죽은 존재이므로 사람에게 어떤 유익함도 주지 못한다. 세상 영광(유익과 명예)을 추구하는 것은 하나님께서 기뻐하시지도 않는 일이다. 예수님께서 마귀에게 시험을 받으실 때 성령께 이끌림(인도하심)을 받으셨으며 기록된 성경 말씀으로 물리치셨다. 마귀가 우리를 시험할 때도 우리는 언제나 성령을 의지해서 그가 가르쳐 주시고 생각나게 하시는 성경에 기록된 하나님 말씀으로 대적해야 한다.

둘째, 마귀가 하와에게 말씀으로 유혹함

마귀가 사람을 유혹하고 공격하는 수단은 하나님 말씀을 왜곡해서 의심하게 하거나 불순종하게 해서 죄를 짓게 한다.

창 3:6 여자가 그 나무를 본즉 먹음직도 하고 보암직도 하고 지혜롭게 할 만큼 탐스럽기도 한 나무인지라 여자가 그 열매를 따 먹고 자기와 함께 있는 남편에게도 주매 그도 먹은지라

하나님께서는 에덴의 동쪽에 사람이 살기 좋은 동산을 창설하시고 그곳 중앙에 생명 나무와 선악을 알게 하는 나무를 나란히 두셨다. 그리고 아담에게 "동산 모든 나무의 실과는 임의로 먹되 동산 중앙에 있는 선악을 알게 하는 나무의 실과는 먹지 말라 먹으면 정말로 죽는다."라고 경고하셨다.

어느 날 간교한 뱀(사단)이 여자에게 살며시 다가와 "선악을 알게 하는 나무의 실과를 먹어도 결코 죽지 않는다."라고 하며, 이는 "너희가 그 실과를 먹으면 너희 눈이 밝아져 하나님과 같이 선악

을 알게 될 것이기 때문에 하나님께서 못 먹게 하는 것이다."라고 하나님 말씀을 왜곡해서 하와를 유혹했다.

동산 중앙에 있는 선악을 알게 하는 나무의 실과는 여자가 매일 보아온 열매였지만 탐심은 없었다. 그러나 마귀의 유혹에 빠진 하와는 그 나무의 열매를 보는 순간 하나님 경고(생명)의 말씀은 어디론지 사라져버리고 전과는 완전히 다른 욕망을 따라 행동했다(창 3:1~7). 왜곡된 하나님 말씀에 미혹되면 사람은 마귀가 유혹한 대로 육신을 따라 행동하게 된다. 이는 육신의 욕심이 성령의 생각을 억제하기 때문이다

셋째, 마귀가 가룟유다의 마음에 들어감

가룟유다는 예수님의 열두 제자 중 한 사람이다. 그에게 사단이 들어가자 대제사장들과 성전 경비대장들에게 가서 예수를 넘겨줄 방도를 의논했다(요 13:26~27). 마귀는 이처럼 사람에게 들어가서 하나님과 원수 되는 일(죄)을 하게 한다.

눅 22:3 열둘 중의 하나인 가룟인이라 부르는 유다에게 사탄이 들어가니

4 이에 유다가 대제사장들과 성전 경비대장들에게 가서 예수를 넘겨줄 방도를 의논하매(요 13:26~27)

마귀는 사람의 마음에 들어가서 그의 생각을 미혹시킨다. 가룟
유다에게 사단이 들어가기 전까지 그는 예수님의 제자로 함께 먹
고 자고 사역했지만 그는 평소에 예수님이 행하시는 여러 가지 기
적과 이적과 능력을 시험해 보고 싶었던 것 같다. 이를 감지한 사
단이 그에게 들어가자 가룟유다는 예수님을 팔려는 생각을 구체
적으로 행동에 옮겼다.

마귀는 처음에 본인도 모르게 아주 작은 의심으로 이끌어가고
이것을 점점 더 키워 마침내 행동으로 옮기게 한다. 그러므로 처
음 작은 의심이 들 때 단호하게 물리쳐야 한다.

넷째, 마귀가 아나니아의 마음에 가득함

초대 교회 때는 성도들 마음이 하나가 되어 땅이나 집을 팔아
서 그 판 것의 값을 교회로 가져와 공동으로 사용했으므로 궁핍
한 사람이 없었다.

> **행 5:3** 베드로가 이르되 아나니아야 어찌하여 사탄이 네 마음에 가득하
> 여 네가 성령을 속이고 땅값 얼마를 감추었느냐
> **4** 땅이 그대로 있을 때에는 네 땅이 아니며 판 후에도 네 마음대로 할
> 수가 없더냐 어찌하여 이 일을 네 마음에 두었느냐 사람에게 거짓말한
> 것이 아니요 하나님께로다

초대 교회 때 바나바라(번역하면 위로의 아들이라) 하는 형제가 있었는데 그가 자기 땅을 모두 팔아 그 돈을 교회에 드렸다(행 4:32~42). 교회에서는 모두 바나바를 칭송하며 존경했을 것이다. 아나니아도 바나바처럼 모두에게 인정받고 싶었던 것 같다. 아나니아는 바나바처럼 가난한 교회 형제들을 위해 자기의 전답을 모두 팔아 교회에 헌납하겠다고 했다.

아나니아는 그의 아내 삽비라와 의논하고 그들의 모든 소유를 팔아 그 값에서 얼마를 감추고 이것이 소유를 판 돈 전부라고 하며 교회에 드렸다(행 5:1~2). 베드로는 아나니아에게 "어찌하여 사탄이 네 마음에 가득하여 네가 성령을 속이고 땅값 얼마를 감추었느냐."라고 하며 "어찌하여 이 일을 네 마음에 두었느냐 사람에게 거짓말한 것이 아니요 하나님께로다."라고 하며 꾸짖었다.

성경은 사단이 아나니아의 마음에 가득하여 성령을 속였다고 하며 하나님께 거짓말한 것이라고 꾸짖었다. 아나니아는 그 마음에 사탄이 가득하기까지 사탄의 역사를 대적하지 않고 이용당해서 자기 마음에 있는 성령을 속이고 사단의 계략대로 생각하고 말하고 행동하므로 그 아내와 함께 죽임을 당했다. 사단은 이처럼 사람의 마음에 들어가 그 마음을 온전히 장악하고 자신뿐 아니라 성령을 속이고 거짓말하게 한다.

다섯째, 마귀가 베드로에게 사탄의 계략을 행하게 함

예수님은 베드로에게 "주는 그리스도시며 살아계신 하나님의 아들."이라는 신앙고백을 듣고 기분이 좋으셔서 "네가 복이 있다." 라고 칭찬하시고 "네가 그렇게 말하는 것은 네(사람) 생각에서 나온 것이 아니고 하늘에 계신 내 아버지께서 네게 알려 주신 것이다."라고 하셨다.

> **마 16:22** 베드로가 예수를 붙들고 항변하여 이르되 주여 그리 마옵소서
> 이 일이 결코 주께 미치지 아니하리이다
> **23** 예수께서 돌이키시며 베드로에게 이르시되 사탄아 내 뒤로 물러가
> 라 너는 나를 넘어지게 하는 자로다 네가 하나님의 일을 생각하지 아니
> 하고 도리어 사람의 일을 생각하는도다 하시고

예수님은 "베드로가 고백한 신앙 고백의 믿음 위에 내 교회를 세우시겠다고 하시며 "내 교회에 천국열쇠(구원과 영생의 능력)를 주시겠다."라고 약속하셨다(마 16:13~19). 이때부터 예수님은 자기가 예루살렘에 올라가 장로들과 대제사장들과 서기관들에게 많은 고난을 받고 죽임을 당하고 제삼 일에 다시 살아나게 될 것을 가르치셨다.

그러자 베드로는 예수님을 붙잡고 마치 꾸짖는 듯한 말로 "주여

그럴 수 없습니다. 이 일이 결코 주님께 임하지 않을 것입니다."라고 했다. 베드로의 이 말은 마치 예수님께 믿음이 없다고 꾸짖는 듯 했다. 예수님은 베드로를 돌아보며 "사탄아 내 뒤로 물러가라 너는 나를 넘어지게 하는 자로다. 네가 하나님의 일을 생각하지 않고 도리어 사람의 일을 생각하는구나."라고 하셨다.

베드로에게 그랬던 것처럼 사단은 사람의 마음에 들어가 하나님의 일을 생각하지 못하게 하고, 하나님 보다 사람의 기분을 좋게 (아부, 아첨자) 아부하고 아첨하게 해서 하나님의 일을 훼방한다. 그러므로 우리는 우리가 생각하고 말하고 행하는 것이 사람을 기쁘게 하는 것인지 하나님을 기쁘시게 하는 것인지를 구별해야 한다.

마귀에게 억압된 상태

첫째, 일곱 귀신 들린 사람

귀신은 더러운 존재이므로 더러운 것(죄 환경)에 익숙하다. 더러운 귀신이 물 없는 곳으로 다니는 것은 믿음(말씀) 없는 사람을 찾아다녔다는 의미다.

어떤 귀신이 쉴 곳(불신자)을 찾지 못하고 먼저 있던 사람에게로 다시 돌아왔는데 전보다 더 좋은 상태로 되어 바뀌어 있었다. 그 귀신은 저보다 더 악한 귀신 일곱을 데리고 그 사람에게 들어가 살았는데 그의 나중 형편이 전보다 더욱 심하게 일그러졌다. 예수님은 "이 악한 세대가 이렇게 될 것이다." 하셨다. 창고에 음식물 쓰레기가 있으면 더 많은 쥐를 몰고 들어와 서식하는 것처럼 사람 마음의 상태가 부패하면 더러운 귀신들이 들어온다. 귀신이 머물기에 좋은 상태는 더럽고 무서운 죄와 치유되지 않은 마음의 상처와 깊은 슬픔과 외로움 중독과 게으름과 나쁜 습관과 편견과 모순과 헛된 망상에 대한 고정 관념(신념, 사상, 주의) 등으로 몸과 마음을 괴롭게 하는 것들이다. 그러므로 거룩하신 하나님 말씀으로 무장해야 한다. 이는 더러운 음식 찌꺼기를 제거하는 것과 같기 때문이다.

귀신이 사람에게 들어오면 그의 몸과 마음의 상태가 불안과 초
조함과 염려와 근심 걱정이 쌓이므로 그의 삶의 모습은 일그러진
다. 이는 그의 생각이 불안하고 초조함으로 그의 말과 행동이 흔
들리기 때문이다. 그러므로 악한 생각이 떠오를 때는 지체하지 말
고 즉시 예수 이름 권세로 물리쳐야 한다.

둘째, 제사장 스게와의 일곱 아들들

유대인 제사 장들 중 우두머리인 "스게와."라고 하는 사람에게
아들 일곱이 있었다. 그들이 어떤 악귀 들린 사람에게 "내가 바울
이 전파하는 예수를 의지하여 너희에게 (나오기를) 엄히 명하노라."
라고 했다. 그러자 악귀가 그들에게 "내가 예수님도 알고 바울도
아는데 너희는 누구냐?"라며 달려들었다. 그들 일곱 아들은 벌거
벗기고 두들겨 맞은 채 그 집에서 도망쳤다.

행 19:14 유대의 한 제사장 스게와의 일곱 아들도 이 일을 행하더니

15 악귀가 대답하여 이르되 내가 예수도 알고 바울도 알거니와 너희는

누구냐 하며

16 악귀 들린 사람이 그들에게 뛰어올라 눌러 이기니 그들이 상하여 벗

은 몸으로 그 집에서 도망하는지라

만일 믿지 않는 자가 마귀를 대항하여 쫓으면 그들은 그것을 알고 말을 듣지 않을 뿐 아니라 "스게와"의 아들들에게처럼 달려들 수도 있다. 마귀는 예수님도 알고, 바울도 알고, 또 당신도 알며, 자기를 상대하는 사람의 믿음의 상태에 대해서도 알기 때문이다. 마귀는 이처럼 믿음 없는 자의 말에는 복종하지 않고 반항한다. 그러나 예수 이름 권세로 명령하는 믿는 자의 말에는 복종한다. 이는 마귀가 예수님께 복종함이다.

셋째, 점치는 귀신 들린 여종

바울과 실라가 빌립보에서 전도할 때 점치는 귀신에게 사로잡힌 한 소녀가 기도하러 갈 때마다 따라와 "이 사람들은 지극히 높으신 하나님의 종들로서 우리에게 구원의 길을 보여주는 사람들이다."라고 소리쳤다. 바울은 더 참지 못하고 그 점 치는 영을 향해 "예수 그리스도의 이름으로 그에게서 나오라."라고 명령했다. 그러자 그 악한 영이 즉시 그에게서 나왔다.

> **행 16:16** 우리가 기도하는 곳에 가다가 점치는 귀신 들린 여종 하나를 만나니 점으로 그 주인들에게 큰 이익을 주는 자라
>
> **16:17** 그가 바울과 우리를 따라와 소리 질러 이르되 이 사람들은 지극히 높은 하나님의 종으로서 구원의 길을 너희에게 전하는 자라 하며

16:18 이같이 여러 날을 하는지라 바울이 심히 괴로워하여 돌이켜 그 귀신에게 이르되 예수 그리스도의 이름으로 내가 네게 명하노니 그에게서 나오라 하니 귀신이 즉시 나오니라

여종에게 들어간 점을 치게 하는 귀신은 "예수 이름으로 나오라."하는 바울의 명령에 즉시 나왔다. 바울은 귀신 들린 여종에게 명령하지 않고 그 여종에게 들어가 있는 귀신에게 명령했다. 악한 영들은 예수 이름의 권세를 거부하지 못한다. 당신이 만일 예수 그리스도를 믿고 구원 얻었다면 당신에게도 이 권세와 능력이 있다. 그래서 성경(막 16:17)에서 예수님은 "내 이름으로 귀신을 쫓아내는 표적이 따를 것이다."라고 하셨다.

넷째, 불과 물에 자주 넘어짐

간질로 인하여 자주 불에도 넘어지며 물에도 넘어지는 한 아이가 있었다. 그 아이의 아비가 주님의 제자들에게 그 아이를 데려왔으나 고치지 못했다.

마 17:15 주여 내 아들을 불쌍히 여기소서 그가 간질로 심히 고생하여 자주 불에도 넘어지며 물에도 넘어지는지라

18 이에 예수께서 꾸짖으시니 귀신이 나가고 아이가 그때부터 나으니라

예수님께서 마귀를 꾸짖자 마귀가 그에게서 떠나가고 아이가 그 시각부터 나았다. 마귀는 사람에게 들어가 질병을 일으키기도 한다. 귀신에 의한 질병은 그 귀신이 떠나감으로 그 질병도 함께 치유된다. 예수님은 제자들에게 믿음이 적다고 책망하셨다. 이 믿음은 성경(막 16:17)에 대한 말씀을 믿음이다.

다섯째, 거라사의 광인

거라사 지방에 늘 밤낮으로 산이나 무덤에서 소리를 지르며 돌로 자기 몸을 문질러 해치는 더럽고 사나운 귀신 들린 사람이 있었다.

막 5:6 그가 멀리서 예수를 보고 달려와 절하며

7 큰 소리로 부르짖어 이르되 지극히 높으신 하나님의 아들 예수여 나와 당신이 무슨 상관이 있나이까 원하건대 하나님 앞에 맹세하고 나를 괴롭히지 마옵소서 하니

8 이는 예수께서 이미 그에게 이르시기를 더러운 귀신아 그 사람에게서 나오라 하셨음이라

거라사의 광인을 여러 번 족쇄와 쇠사슬로 묶었으나 그가 너무도 사납고 기운이 강해서 사슬을 끊고 족쇄를 부수었으므로 아

무도 그를 복종시키지 못했다. 예수님께서 그곳을 지나는데 그가 멀리서 예수님을 보고 달려와 경배하며 큰 소리로 "지극히 높으신 하나님의 아들 예수님이여 내가 당신과 무슨 상관이 있나이까? 하나님을 두고 간청하건대 나를 괴롭히지 마옵소서."라고 부르짖었다. 거라사의 광인처럼 사람이 귀신에게 마음을 완전히 사로잡히면 자기 통제 불능 상태가 된다.

사단은 하나님께 직접 대항하지 못하고 그 졸개(마귀 귀신)들을 이용하여 믿지 않는 자에게 영향력을 행사하고 믿는 자라도 넘어지게 해서 하나님 나라를 방해하려고 한다. 그러므로 믿는 자는 대적 마귀의 공격을 막아내기 위해 항상 믿음과 말씀으로 무장해야 한다.

제12장
영적 무장

　원수 마귀는 총알과 포탄을 빗발치듯 쏘아대며 목숨을 걸고 공격하는 적군처럼 온갖 수단과 방법을 가리지 않음으로 믿는 자는 마귀의 공격에 미온적으로 대하면 안 된다. 그들은 보이지 않는 존재들이므로 언제 어디서 어떻게 공격해 올지 알 수가 없다. 그러므로 항상 대비하고 반격할 준비를 하고 있어야 한다.

> **엡 6:12** 우리의 씨름은 혈과 육을 상대하는 것이 아니요 통치자들과 권세들과 이 어둠의 세상 주관자들과 하늘에 있는 악의 영들을 상대함이라

　믿는 자는 육체를 가진 세상 사람들과 싸우는 것이 아니라 눈에 보이지 않는 영적 존재들이 그 대상이다. 다시 말해서 믿는 자가 싸워야 할 상대는 이 세상의 악한 영들(귀신)을 권세로 통치하고 다스리는 악한 영들 즉 이 세상 공중권세 잡은 자들(마귀)과

이 세상의 악을 주관하고 행사하며 악한 영향력을 행사하는 악한 영들(귀신)과 하늘에 처소를 두고 모든 악한 세력들을 통치하는 권세를 가진 악한 영들(타락한 천사 사탄)이다. 그러므로 우리는 이들의 간계를 분별하고 승리하기 위해서 전장에 나가는 병사들이 온몸에 갑주를 입고 머리에는 투구를 쓰는 것처럼 하나님 말씀으로 머리서 발끝까지 완전하게 무장하고 대장 되신 예수 그리스도의 뒤를 따라야 한다. 이에 대하여 성경은 다음과 같이 말씀하신다.

엡 6:14 그런즉 서서 진리로 너희 허리띠를 띠고 의의 호심경을 붙이고

15 평안의 복음이 준비한 것으로 신을 신고

16 모든 것 위에 믿음의 방패를 가지고 이로써 능히 악한 자의 모든 불화살을 소멸하고

17 구원의 투구와 성령의 검 곧 하나님의 말씀을 가지라

첫째, 허리에 진리의 띠

적과 전투하려면 옷이 흘러내리지 말아야 한다. 그래야 마음껏 힘쓰고 공격할 수 있기 때문이다. 이처럼 대적 마귀와 싸워 이기려면 진리의 말씀에 대한 확실한 믿음이 있어야 한다 만일 그 믿음이 없으면 대적 마귀가 하나님 말씀의 진리를 왜곡하거나 시험

하며 공격할 때 주저주저하고 의심하며 뒤로 물러서게 되고 그 기회를 포착한 대적 마귀는 순식간에 달려들어 당신을 제압하게 될 것이기 때문이다. 그러므로 마귀와의 싸움에는 하나님 진리의 말씀으로 단단하게 무장해야(믿음) 한다. 이는 당신의 죄 가를 대신 치르기 위해서 그리스도 예수께서 대신 죽고 부활하시므로 당신이 구원 얻고 영생 유업을 약속받은 믿음이다. 이는 당신의 믿음이 아니고 하나님께서 당신에게 주신 믿음이다(고후 1:22).

둘째, 가슴에 의의 흉갑

가슴에 의의 흉배를 두르는 것은 사악한 대적 마귀의 불화살(의심) 공격을 방어하는 것을 의미한다. 이는 죄 사함을 얻고 "의롭다." 하심으로 양생 얻음에 대한 확실한 믿음을 말씀하심이다. 당신에게 만일 죄 사함을 얻은 믿음이 없다면 당신은 하나님께서 "의롭다(영생)." 하심도 인정받지 못했다는 의미이며 이는 구원에 대한 확신이 없기 때문이며 회개도 예수 이름 세례(신앙의 결단, 롬 8:6~11)도 다시 점검해야 한다.

셋째, 평안을 매는 복음의 신발

당신이 언제 어디를 가든지 반드시 신발을 신고 다니는 것처럼 당신은 언제 어디서든지 이웃에게 하나님과 평화의 복음을 전하기 위해 달려갈 준비가 되어 있어야 한다. 당신이 예수님의 대속과 부활로 인한 구원과 영생에 관심이 없으면서 대적 마귀와 싸운다는 것은 무의미한 것이며 그 싸움의 내용은 구원과 영생의 문제이기 때문이다. 이처럼 마귀와 싸우는 목적은 복음을 증거하기 위한 일이다.

넷째, 믿음의 방패

믿음의 방패는 시시때때로 공격하는 사악한 적의 불화살을 막아주는 방패와 같은 굳건하고 변함없는 믿음이다. 이를 위해 하나님께서 그리스도 예수에 대한 믿음을 굳게 인치시고 그 보증으로 당신 마음에 성령을 풍성하게 주셨다(고전 1:22).

예수님이 제자들과 빌립보 가이샤랴 지방에 이르렀을 때 예수님께서 제자들에게 "너희는 나를 누구라고 믿느냐."라고 물으셨다. 그러자 베드로가 "주는 그리스도시며 살아 계신 하나님의 아들이십니다."라고 대답했다. 예수님은 베드로에게 복이 있다고 칭찬하시며 "이를 너에게 알게 하신 이는 인간의 가르침이 아니고 하늘에 계신 내 아버지시다(마 16:15~17)."라고 하셨다.

예수님에 대한 베드로의 믿음의 고백은 자신의 인간적인 생각으로 믿는 것이 아니고 하나님께서 계시해 주신 믿음이라는 의미이다. 예수님에 대한 믿음은 이 세상의 신뢰 차원의 믿음이 아니고 하나님께서 베드로에게 주신 믿음과 같은 것이라는 의미이다. 이처럼 당신 마음에 있는 믿음은 당신이 생각한 믿음이 아니고 하나님께서 당신에게 주신 믿음을 의미한다.

다섯째, 구원의 투구

만일 전투 중인 군병이 철모를 쓰지 않는다면 그의 머리를 향해 날아오는 총탄에 치명적인 결과를 초래하게 될 것이다. 이처럼 구원에 대한 확신은 원수 마귀를 대적하는데 결정적인 요인이 된다. 구원의 확신은 사람의 결심이나 노력으로 되지 않는다. 그러므로 이에 대한 확신 또한 사람이 증명 할 수 없다. 구원은 하나님께서 주시는 믿음이며 이를 증명하시는 것 역시 사람이 할 수 없고 성령께서 친히 사람의 영과 더불어 그가 구원 얻은 하나님 자녀인 것을 증거하신다고 하셨기 때문이다(롬 8:16). 다시 말하면 구원은 하나님께서 사람에게 주신 믿음이고 그 믿음에 확신을 주시는 이는 성령이심을 말씀하심이다(고전 1:22). 이 믿음이 마귀를 이기는 능력이 된다.

여섯째, 성령의 검인 하나님 말씀

성령의 검인 하나님 말씀은 원수 마귀를 예수 이름 권세로 공격하는 유일하고도 능력 있는 강력한 무기다. 예수님께서도 사십 일 금식하신 후 사탄에게 시험받으실 때 성령의 인도하심으로 기록된 말씀으로 물리치셨다.

성령께서는 하나님 말씀을 양날에 예리하고 날카롭게 날이 선 검으로 사용하셔서 원수 마귀를 제압하신다. 그러므로 대적 마귀를 섬멸하려면 성령의 검인 하나님 말씀으로 공격해야 한다. 이를 위해 당신은 몸을 전신 갑주(하나님 말씀)로 무장하고 손에는 성령의 검으로 무장해야 하고 있어야 한다. 대적 마귀가 언제 어디서 어떻게 공격해 올지 알 수 없기 때문이다.

마귀는 영적인 존재이므로 육체를 가진 우리가 그를 대적하려면 반드시 영적으로 무장(성령의 능력) 해야 한다. 영적인 무장은 하나님 말씀으로 인도하시는 성령께 적극적으로 의지함이다.

제13장
만일 그리스도의 영(성령)이 없으면

어떤 사람이 "나는 학교에 다닌다."라고 말할 때 이는 단지 학교에 출석하는 것만을 의미하지는 않는다. 왜냐하면 이는 학교 공동체의 일원인 학생으로서 그 책임과 의무를 다해야 하기 때문이다.

> **롬 8:9** 만일 너희 속에 하나님의 영이 거하시면 너희가 육신에 있지 아니하고 영에 있나니 누구든지 그리스도의 영이 없으면 그리스도의 사람이 아니라

그런 의미에서 어떤 사람에게 그리스도의 영이 거하신다는 것은 성령께서 그 사람 속에 존재하기만 하는 것이 아니라 그와 함께 활동(사역)하시고 또 그를 하나님 말씀으로 인도하시고 그는 믿음으로 순종함을 의미한다. 그러므로 어떤 사람에게 그리스도의 영이 없다는 의미는 성령께서 그와 함께 활동(거하심)하시지 않을

뿐 아니라 그를 인도하시지도(속에 계심) 않음으로 그는 그리스도인이 아니며 구원 얻은 하나님의 자녀도 아니라는 의미이다(롬 8:14).

그리스도의 영이 함께하면 그는 그리스도인이다. 이는 그가 하나님께 죄 사함을 얻고 "의롭다(구원)."라고 하심으로 성령을 선물로 받은 것(구원)이다. 그러므로 누구든지 성령이 아니면 예수님의 증인(담대함과 권능, 행 1:8)이 될 수 없을 뿐 아니라 회개에 합당한 열매를 맺을 수도 없으므로 구원 얻은 하나님 자녀로 살아갈 수 없다. 그러므로 만일 당신에게 성령이 없다면 당신은 믿음으로 살 수 없으며 예수님과 함께하지도 않는 것이다. 성령(세례)은 하나님께서 죄 사함을 얻은 각 사람 누구에게나 선물로 주시겠다고 약속하신 것으로, 예수 그리스도의 대속과 부활에 대한 믿음을 굳게 하는 구원의 증거(인 침)이며, 그 보증(고후 1:22)으로 그의 마음에 주신 것이기 때문이다.

성령이 함께 "거하신다."라고 하거나 그 속에 "계신다."라는 의미는 성령께서 그의 사역과 일상생활에 그와 함께하시고(거하심과 인도하심, 요14:17) 그 사람은 그의 인도하심에 믿음으로 순종함(롬 8:14)을 의미한다. 그래서 성경(살전 5:18)은 "성령을 소멸치 말라."라고 하셨다. 이는 사람이 성령의 인도하심(활동)을 인식하지 못하거나 의도적으로 거부하거나 억제하면 이미 함께 계시는 성령께서 소멸하실 수 있음(활동 중단)을 의미하는 말씀이다. 그러므로 누구든지 성령의 인도하심을 받지 못하거나 순종하지 않으면 그는 하나님 자녀가 아니다. 이에 대해 성경은 아래와 같이 말씀하고 있다.

롬 8:14 무릇 하나님의 영으로 인도함을 받는 사람은 곧 하나님의 아들이라

요 3:36 아들을 믿는 자에게는 영생이 있고 아들에게 순종하지 아니하는 자는 영생을 보지 못하고 도리어 하나님의 진노가 그 위에 머물러 있느니라

위 본문에서는 하나님의 영, 즉 성령의 인도하심에 믿음으로 순종하는 자라야 하나님의 자녀라고 말씀하신다. 이를 역설적으로 표현하면 하나님의 영으로 인도함을 받지 않으면(인도하심이 없거나 순종하지 않으면) 그는 하나님 자녀가 아니라는 의미다. 하나님의 자녀는 하나님의 독생자 예수 그리스도의 대속과 부활을 믿는 사람이다. 그에게 영생이 있다는 말씀은 죄에서 구원을 얻었으므로 영원한 새 생명을 얻었다(구원)는 의미이다. 그러나 그가 믿고 구원 얻은 그리스도 예수의 말씀으로 인도하시는 성령께 순종하지 않으면 그는 영생을 보지 못하고 도리어 하나님의 진노로 마지막 날 심판받게 된다. 이는 예수 그리스도를 믿음으로 얻은 구원은 그의 말씀에 순종함으로 완성됨(영생 유업)을 말씀하심이다 (요 3:36).

사람이 하나님의 영으로 인도함을 받는 것은 성령께서 하나님 말씀으로 인도하실 때 믿음으로 순종하거나 복종하는 것을 의미한다. 그러나 하나님 말씀에 순종하거나 복종하지 않고 자기 뜻대로 생각하고 말하고 행하는 것은 그가 성령의 인도하심을 받지 않기 때문이다. 사람이 성령의 인도하심에 복종하는 것은 그의 인도하심(말씀)이 자기 생각과는 다르지만 하나님 말씀의 권위를 인정하고 따르는 것이고 순종하는 것은 하나님 말씀을 믿음으로 동의하고 따르는 것이다. 그러므로 성령의 인도하심에 복종하지 않거나 순종하지 않는 것은 성령의 인도하심(활동)을 모르거나 인지하고서도 의도적으로 거역(불순종)하는 것이다.

교회 공동체에 속한 어떤 형제들은 성령에 관한 말씀을 배우고도(지식적으로 인지함) 무관심하거나 추상적으로 인식하고 있으므로 그의 인도하심을 인식하지 못하거나 심지어 알고도 무시해 버리기도 한다. 그 결과 그들은 성령의 인도하심에 믿음으로 반응(순종)하지 못하고 자기 뜻대로 생각하고 말하고 행하면서 그것이 하나님 뜻이라고 착각하기도 한다. 그 결과 안타깝게도 회개에 합당한 열매를 맺지 못한다.

하나님과 그 아들과 성령에 관한 모든 것은 하나님께 속한 것이므로 사람의 지식이나 지혜로 주어지지 않는다. 이는 하나님께서 주시는 믿음이기 때문이다. 그러므로 성령으로 말미암지 않고서는 누구도 하나님을 "아버지"라고 부르지 못하고 예수님을 "주"라고 시인할 수도 없다(고전 12:3). 이에 대해 성경(롬 10:9~10)에서는 "사람이 입으로 예수를 주로 시인하며 또 하나님께서 그를 죽은 자 가운데서 살리심을 마음에 믿으면 구원 받는다."라고 말씀하고 있다. 이는 마음에 믿고 있는 주 예수 그리스도(대속과 부활)를 전하는 것이 곧 구원 얻은 믿음이라는 의미다. 성령은 예수님만을 증거하시는 분이기 때문이다(요 15:26). 사람의 마음속에 하나님의 영(성령)이 거(불순종)하지 않으면 그는 하나님의 영(성령)으로 인도함을 받지 못하므로 하나님 자녀로 살아갈 수가 없다. 그러므로 그는 하나님 자녀가 아니다.

태조로부터 고대에 이르기까지, 구약 시대의 이스라엘 민족은 하나님께 택함을 받은 지도자나 사사나 선지자들이 전해주고 선포하는 여호와 하나님 말씀(율법)을 믿고 지켜 행함(순종)으로 신앙과 삶을 유지했으며, 예수님 당시는 예수님께서 선포하시는 하나님 말씀(새 계명)을 믿고 순종함으로 신앙과 삶을 유지했다. 그리고 예수님이 아버지께로 가신 이후부터 그가 다시 오실 때까지는 예수님을 대신한 또 다른 보혜사이신 성령께서 하나님의 모든 것을 가르치시고(지식의 말씀) 예수님이 말한 모든 것을 생각나게 (지혜의 말씀) 하실 때 믿음으로 순종해서 회개에 합당한 열매를 맺음으로 신앙과 삶을 유지한다(요 14:15~26).
그리함에도 오늘날 교회 구성원의 일부 어떤 세상 지식인 형제들은 성령 없이도 신앙생활에 아무 지장이 없다며 자랑하듯 말하기도 한다. 이는 예수 그리스도를 세상 지식으로만 알고 마음으로는 믿지 않기 때문이다. 세례요한은 예수님의 가르침을 거부하고 조롱하며 율법으로 구원을 이룬다고 주장하고 가르치는 당시 학식 많은 종교와 사회 지도자들인 바리새인과 사두개인들에게 "독사의 자식들(마 3:7 12:34, 마 23:33)."이라고 책망하며 마지막 날에 있을 하나님 진노의 심판을 피하지 못할 것이라고 경고했다. 그들은 회개에 합당한 열매는 맺지 못하고 신앙의 형식만 취하려고 하는 형식적인 종교인이었기 때문이다. "독사의 자식"이란 거룩하신 하나님의 영(성령)이 아닌 무서워하는 종의 영, 즉 마귀의 영을 받고 마귀(세상 욕망)를 따라 죄의 종으로 사는 마귀의 자식(롬 5:15, 죄의 종)이라는 의미다. 만일 당신에게도 그리스도의 영이 없다면 당신은 누구의 자녀일까? 이에 대한 몇 가지의 예를 살펴보자.

1) 만일 당신에게 그리스도의 영이 없다면 당신은 하나님의 영으로 인도함을 받을 수 없으므로 하나님 뜻대로 살 수 없을 뿐 아니라 그를 기쁘시게도 못한다(롬 8:8~14). 그렇다면 당신은 하나님과 어떤 관계일까?

2) 예수 그리스도를 믿지 않는 세상 사람들은 성령의 역사하심을 보지 못하고 알지도 못하기 때문에 그(성령)를 영접하지 못한다.

만일 당신에게 그리스도의 영(성령)이 없다면 당신도 믿지 않는 세상 사람들처럼 성령의 역사하심을 보지도 못하고 알지도 못한다. 그렇다면 당신이 믿지 않는 세상 사람과 무엇이 다를까? (요 14:17)

3) 예수님께서 성령을 보내서 영원토록 당신과 함께 있게 하신 것은 예수님께 받은 그 사랑(구원과 영생 유업)을 이웃에게도 전하게(새 계명) 하려 하심이다. 그러나 당신이 이웃에게 전할 예수님의 사랑이 없다면 이는 당신이 성령을 받지 못했기 때문이다. 그렇다면 당신은 그리스도 예수와 함께 영생 유업을 이을 하나님의 후사(딛 3:7)가 될 수 있을까?

4) 당신이 구원 얻은 하나님 자녀라는 사실은 성령께서 친히 당신의 영과 더불어 당신에게 증명해 주신다(롬 8:16). 이는 성령께서 당신의 영(양심: 심령)에 당신이 구원 얻은 사실에 대한 믿음을 주신다는 의미다. 이를 당신에게 알게 하시고 또 그 사실에 대한 믿음을 견고하게 해서 그 믿음을 잘 지키도록 보증(인도하심)하시는 이는 성령이시기 때문이다(고후 1:22).

그러나 당신에게 성령이 없다면 당신이 구원 얻은 하나님 자녀라는 사실을 알 수 없을 뿐 아니라 믿을 수도 없게 되고 더구나 구원을 얻었을지라도 그 믿음을 지키지도 못한다. 그 결과 당신은 구원과 영생을 스스로 증명하고 위안 받기 위해서 종교 활동에 열심을 내보지만 그럴수록 구원과 영생에 대하여 긴가민가하면서 의심과 고민만 더 깊어져 간다.

5) 당신이 하나님 나라를 유업(영생)으로 받을 수 있는 것은 하나님 말씀으로 인도하시는 성령께 믿음으로 순종해서 회개에 합당한 열매를 맺기 때문이다(딛 3:6~7). 그러나 당신에게 성령이 없다면 당신은 하나님 말씀으로 인도함을 받지 못하므로 회개에 합당한 열매(갈 5:22~23)를 맺을 수 없다. 그런데도 당신이 하늘나라 영생 유업을 상속(영생)받을 수 있을까(롬 8:1~7, 13, 마 3:7~8)?

6) 어미가 젖먹이 자식을 돌보지 않고 홀로 버렸다면 그 아이가 며칠이나 살 수 있을까(사 49:15)? 만일 당신에게 성령이 없다면 당신은 하나님께 홀로 버려진 젖먹이 고아나 다름이 없다. 그렇다면 당신은 대적 마귀에게 사로잡혀 죄의 종이 될 것이므로 하나님 자녀로 살아갈 수 없다(요 14:18).

왜냐하면 성령의 보호가 아니면 당신은 고아와 다를 바가 없으므로 우는 사자처럼 삼킬 자를 찾아 돌아다니는 원수 마귀의 손 아귀에서 믿음을 지킬 수 없기 때문이다. 그런데도 당신이 성령 없이도 신앙생활을 잘할 수 있다고 주장하는 그 믿음(?)의 근거는 무엇인가?

7) 성령께서는 사람이 복음을 전할 때 예수 증인의 권능으로 표적(행 1:8, 고전 12:7~11)을 나타내주셔서 그가 전하는 복음을 확실하게 증명해 주신다(막 16:20). 그러나 만일 당신에게 성령이 없다면 당신은 복음을 전할 믿음의 담력은 물론 예수 이름으로 죄를 사함을 얻게 하는 권능(표적)도 없다. 그 결과 예수님을 증거하지 못한다. 예수님의 증인이 되게 하는 담대한 믿음과 권능(행 1:8)은 하나님께서 성령세례를 통하여 주시기 때문이다.

만일 당신이 사람들에게 예수님을 증거하지 못한다면 예수님도 장차(마지막 심판 때) 하나님 앞에서 당신을 하나님 자녀라고 변호하실 수 없다고 하셨다. 그렇다면 당신은 하나님이 아닌 사람의 자녀일 뿐이다(마 7:23, 마 10:32, 눅 12:8~10).

8) 만일 당신에게 성령이 없다면 당신이 믿음으로 할 수 있는 것은 아무것도 없다. 성령이 아니면 육신으로 할 수밖에 없기 때문이다. 그러므로 누구든지 그리스도의 영이 없으면 그는 그리스도의 사람이 아니고 종교인이다(롬 8:5~9). 이는 바리새인과 사두개인들처럼 신앙생활이 아닌 종교 생활하는 "독사의 자식들."이라고 예수님께 책망 받게 될 것이다.

만일 당신에게 그리스도의 영이 없다면 당신은 죄 사함을 받지 못했거나(구원) 혹시 죄 사함은 받았을지라도 성령 주심에 대한 아버지의 약속을 믿지 못하는 것이고 권능 받고 내 증인이 되라 하신 예수님의 분부를 거역하는 것이며 제자들이 성경에서 권면한 성령 받음(행 2:38~40)을 모르거나 믿지 않는 것이다. 그러므로 하나님의 영 예수의 영이신 그리스도의 영이 없으면 그는 그리스도인이 아니다.

성령 인도하실 때

어미가 젖 먹이 어린아이를 내다 버렸다면 그 아이가 며칠이나 살 수 있을까? 만일 당신이 구원을 얻고도 성령을 받지 못했다면 당신은 어미가 내다 버린 젖먹이 고아나 다름이 없으므로 하나님 자녀로 살아갈 수 없다. 왜냐하면 대적 마귀가 우는 사자 같이 삼킬 자를 찾아 두루 다니기 때문이다(벧전 5: 8). 그래서 아버지께서는 구원 얻은 당신과 영원히 함께 있을 또 다른 보혜사로 성령을 보내 주신 것이다(요 14:14~18).

하나님 아버지께서는 "예수 안에 있는 당신의 믿음을 대적 마귀가 빼앗지 못하도록 견고하게 인치시고 그 보증으로 당신 마음에 성령을 주셨다(고후 1:21~22)." 그래서 성령 그는 당신과 영원히 함께 있으면서 주님 다시 오시는 그날까지 당신이 아버지의 뜻대로 생각하고, 말하고, 행하도록 인도해 주신다. 그러므로 성령께서 당신을 인도하실 때 믿음으로 순종하는 것이 회개에 합당한 열매를 맺어 하나님의 후사(상속자)가 되는 길이다(딛 3:7). 그러므로 반드시 성령을 받아야 한다.